CONSIDERATIONS

SUR

LES MŒURS

DE CE SIECLE.

M. DCC. LI.

TABLE
DES
CHAPITRES.

TABLE.

CONSIDERATIONS
SUR
LES MŒURS
DE CE SIECLE.

INTRODUCTION.

J'AI vécu, je voudrois être utile à ceux qui ont à vivre. Voilà le motif qui m'engage à rassembler quelques réfléxions sur les objets qui m'ont frappé dans le monde. Les sciences n'ont fait de vrais progrès que

A

depuis qu'on travaille à éclaircir , détruire ou confirmer les
syftêmes par l'expérience , l'e-
xamen & la confrontation des
faits. C'eft ainfi qu'on en devroit ufer à l'égard de la fcien-
ce des mœurs. Nous avons
quelques bons Ouvrages fur
cette matiére ; mais comme il
arrive des révolutions dans les
mœurs , les obfervations faites
dans un temps ne font pas
exactement applicables à un
autre. Les principes puifés
dans la nature font toujours
fubfiftans ; mais pour s'affurer de leur vérité , il faut fur-
tout obferver les différentes
formes qui les déguifent , fans
les altérer , & qui par leur liai-

son avec les principes, tendent de plus en plus à les confirmer.

Il seroit donc à souhaiter que ceux qui ont été à portée de connoître les hommes, fissent part de leurs observations. Elles seroient aussi utiles à la science des mœurs, que les Journaux des navigateurs l'ont été à la navigation. Des faits & des observations suivies, tendent nécessairement à la découverte des principes; au lieu que des principes purement spéculatifs sont rarement sûrs, ont encore plus rarement une application fixe, & tombent souvent dans le vague des systêmes.

Je me suis propofé, en con-
fidérant les mœurs, de démê-
ler dans la conduite des hommes quels en font les principes, & peut-être de concilier
leurs contradictions. Les hommes ne font inconféquens dans
leurs actions, que parce qu'ils
font inconftans dans leurs principes.

Quoique cet Ouvrage fem-
ble avoir pour objet particulier la connoiffance des mœurs
de ce Siécle, j'efpére que l'e-
xamen des mœurs actuelles
pourra fervir à faire connoître
l'homme de tous les temps.

Pour mettre plus d'ordre &
de clarté dans les différens Articles que je me propofe de

traiter, je les distribuerai par
Chapitres. Je choisirai les sujets qui me paroîtront les plus
importans , & dont l'application est la plus fréquente & la
plus étendue , & je tâcherai
par leur réunion de les faire
concourir à un même but, qui
est la connoissance des mœurs.
J'espére que mes idées s'éloi-
gneront également de la licence & de l'esprit de servitude ;
mais j'userai en Citoyen de la
liberté dont la vérité a besoin.

Si l'Ouvrage plaît , j'en serai très-flatté ; s'il est utile ,
j'en serai encore plus content.

CHAPITRE PREMIER.

Sur les Mœurs en général.

AVANT que de parler des mœurs, commençons par déterminer les idées qu'on attache à ce terme ; je dis les idées, car il est du nombre de ceux qui loin d'avoir des synonimes, reçoivent plusieurs acceptions.

Les mœurs, en parlant d'un particulier & de la vie privée, ne signifient autre chose que la pratique des vertus morales, ou le déréglement de la conduite, suivant que ce terme est pris en bien ou en mal. Mais relativement à une nation, cela s'entend de ſes coutumes, de ſes uſages, non pas de ceux qui indifférens par eux-mêmes ſont du reſſort d'une mode arbitraire; mais des uſages qui influent ſur la maniére de penſer, de ſentir & d'agir, ou qui en dépendent. C'eſt ſous cet aſpect que je conſidére les mœurs.

On auroit tort de s'imaginer que de telles conſidérations ne ſoient que des idées ſpéculatives. L'erreur où l'on pourroit être à ce ſujet, vient de ce que pluſieurs de ceux qui ont écrit ſur la morale, commencent par ſuppoſer que l'homme n'eſt qu'un compoſé de misére & de corruption, & qu'il ne peut rien produire d'estimable. Ce système est aussi faux que dangereux. Les hommes sont également capables du bien & du mal; ils peuvent être corrigés, puisqu'ils peuvent se pervertir; autrement pourquoi punir, pourquoi récompenser, pourquoi instruire? Mais pour être en droit de reprendre les hommes, & en état de les corriger, il faudroit d'abord aimer l'humanité, & l'on seroit alors à leur égard juste sans dureté, & indulgent sans lâcheté.

Les hommes sont, dit-on, pleins d'amour propre, & attachés à leur intérêt. Eh bien, partons de-là. Ces difpofitions n'ont rien par elles-mêmes de vicieux, elles deviennent bonnes ou mauvaifes par les effets qu'elles produifent. C'eft la féve des plantes, on n'en doit juger que par leurs fruits. Que deviendroit la fociété, fi on la privoit de fes refforts, fi on en retranchoit les paffions ? Qu'on apprenne aux hommes à s'aimer relativement les uns aux autres, qu'on leur en prouve la néceffité pour leur bonheur. On peut leur démontrer que leur gloire & leur intérêt ne fe trouvent que dans la pratique de leurs devoirs. On ne les trompe que pour les rendre plus malheureux ; fur l'idée humiliante qu'on leur donne d'eux-mêmes, ils peuvent être criminels, sans en rougir. Pour les rendre meilleurs, il ne faut que les éclairer, le crime n'est qu'un faux jugement.

Voilà toute la science de la morale, science plus importante, & aussi sûre que celles qui s'appuient sur des démonstrations. Aussi-tôt qu'il y a une société, il y a une morale & des principes sûrs de conduite. Nous devons à tous ceux qui nous doivent, & nous leur devons également, quelque différens que soient ces devoirs. Cela est aussi certain en morale qu'il l'est en géométrie , que tous les rayons d'un cercle font égaux , & fe réuniſſent à un même point.

Il s'agit donc d'examiner les erreurs des hommes; mais cet examen doit ſe faire ſur les mœurs générales , ſur les différentes claſſes qui compo-ſent la ſociété, & non pas ſur les mœurs des particuliers : il faut des tableaux & non pas des portraits; c'eſt la princi-pale différence qu'il y a de la morale à la ſatyre.

Les peuples ont comme des particuliers leurs caractéres diſtingués , avec cette diffé-rence, que les mœurs parti-culieres d'un homme peuvent être une ſuite de ſon caracté-

re , mais elles ne le confti-
tuent pas néceffairement ; au
lieu que les mœurs d'une nation forment précifément le
caractére national.

Les peuples les plus fau-
vages font les plus criminels :
l'enfance d'une nation n'eft
pas fon âge d'innocence. C'eft
l'excès du défordre qui donne la premiere idée des loix :
on les doit au befoin, fouvent
au crime, & non pas à la prévoyance.

Les peuples les plus polis
ne font pas auffi les plus vertueux. Les mœurs fimples &
féveres ne fe trouvent que parmi ceux que la raifon & l'é-
quité ont policés, & qui n'ont

pas encore abusé de l'esprit pour se corrompre. Les peuples policés valent mieux que les peuples polis. Chez les Barbares, les loix doivent former les mœurs: chez les peuples policés, les mœurs perfectionnent les loix, & quelquefois y suppléent, la fausse politesse les fait oublier. L'Etat le plus heureux seroit celui où la vertu ne feroit pas un mérite. Quand elle commence à se faire remarquer, les mœurs sont déja altérées ; & si elle devient ridicule, c'est le dernier degré de la corruption.

Un objet très-intéressant seroit l'examen des différens caractéres des nations, & de la caufe phyfique ou morale de ces différences : mais il y auroit de la témérité à l'entreprendre, fans connoître également bien les peuples qu'on voudroit comparer, & l'on feroit toujours fufpect de partialité. D'ailleurs l'étude des hommes avec qui nous avons à vivre, eft celle qui nous eft vraiment utile.

En nous renfermant dans notre nation, quel champ vafte & varié ! Sans entrer dans des fubdivifions, qui feroient plus réelles que fenfibles, quelle différence, quelle oppofition même de mœurs ne remarque-t-on pas entre la Capitale & les Provinces ? Il

y en a autant que d'un peuple
à un autre.

Ceux qui vivent à cent lieues
de la Capitale, en font à un
ſiécle pour les façons de penſer & d'agir. Je ne nie pas les
exceptions, je ne parle qu'en
général : je prétens encore
moins décider la ſupériorité
réelle, je remarque ſimple-
ment la différence.

Qu'un homme après avoir
été long-temps abſent de la
Capitale y revienne, on le
trouve ce qu'on appelle *rouillé*:
peut-être n'eſt-il que plus rai-
ſonnable, mais il eſt certainement différent de ce qu'il
étoit. C'eſt dans Paris qu'il
faut conſidérer le François,

parce qu'il y est plus François qu'ailleurs.

Mes observations ne regardent pas ceux qui dévoués à des occupations suivies, ou à des travaux pénibles, n'ont par tout que des idées relatives à leur situation, & indépendantes des lieux qu'ils habitent. On trouve plus à Paris qu'en aucun lieu du monde de ces victimes du travail.

Je considére principalement ceux à qui l'opulence & l'oisiveté suggerent la variété des idées, la bisarrerie des jugemens, l'inconstance des sentimens & des affections, en donnant un plein essor au caractére. Ces hommes-là forment

ment un peuple dans la Capitale. Livrés alternativement & par accès à la diſſipation , à l'ambition, ou à ce qu'ils appellent Philoſophie ; c'eſt-à-dire, à l'humeur, à la miſantropie; emportés par les plaiſirs , tourmentés quelquefois par de grands intérêts ou des fantaiſies frivoles , leurs idées ne ſont jamais ſuivies , elles ſe trouvent en contradiction , & leur paroiſſent ſucceſſivement d'une égale évidence. Les occupations ſont différentes à Paris & dans la Province; l'oiſiveté même ne s'y reſſemble pas : l'une eſt une langueur, un engourdiſſe-ment, une exiſtence matérielle ; l'autre eſt une activité ſans deſſein , un mouvement ſans objet. On ſent plus à Paris qu'on ne penſe, on agit plus qu'on ne projete, on projete plus qu'on ne réſout. On n'eſtime que les talens & les arts de goût; à peine a-t-on l'idée des arts néceſſaires , on en jouit, ſans les connoître.

Les liens du ſang n'y décident de rien pour l'amitié ; ils n'impoſent que des devoirs de décence; dans la Province ils exigent des ſervices : ce n'eſt pas qu'on s'y aime plus qu'à Paris , on s'y hait ſouvent davantage , mais on y eſt plus parent.

Il régne à Paris une certai-

ne indifférence générale qui
multiplie les goûts passagers,
qui tient lieu de liaison, qui
fait que personne n'est de trop
dans la société, que personne
n'y est nécessaire : tout le monde se convient, personne ne se
manque. L'extrême dissipation
où l'on vit, fait qu'on ne prend
pas assez d'intérêt les uns aux
autres, pour être difficile ou
constant dans les liaisons.

On se recherche peu, on se
rencontre avec plaisir, on s'accueille avec plus de vivacité
que de chaleur ; on se perd sans
regret, ou même sans y faire
attention.

Les mœurs font à Paris ce
que l'esprit du gouvernement

fait à Londres; elles confondent & égalisent dans la société les rangs qui sont distingués & subordonnés dans l'Etat. Tous les Ordres vivent à Londres dans la familiarité, parce que tous les Citoyens ont besoin les uns des autres; l'intérêt les rapproche.

Les plaisirs produisent le même effet à Paris; tous ceux qui se plaisent se conviennent, avec cette différence que l'égalité qui est un bien, quand elle part d'un principe du gouvernement, est un très-grand mal, quand elle ne vient que des mœurs, parce que cela n'arrive jamais que par leur corruption.

Le grand défaut du Français est d'être toujours jeune, & presque jamais homme; par-là il est souvent aimable, & rarement sûr : il n'a presque point d'âge mûr, & passe de la jeunesse à la caducité. Nos talens dans tous les genres s'annoncent de bonne heure; on les néglige long-temps par dissipation, & à peine commence-t-on à vouloir en faire usage, que leur temps est passé. Il y a peu d'hommes parmi nous qui puissent s'appuier de l'expérience.

Oserai-je faire une remarque, qui peut-être n'est pas aussi sûre qu'elle me le paroît; mais il me semble que ceux de nos talens qui demandent de l'exécution, ne vont pas or- dinairement jufqu'à foixante ans dans toute leur force. Nous ne réuffiffons jamais mieux dans quelque carriére que ce puiffe être, que dans l'âge mitoyen, qui eft très-court, & plutôt encore dans la jeu- neffe que dans un âge trop avancé. Si nous formions de bonne heure notre efprit à la réfléxion, & je crois cette éducation poffible, nous fe- rions fans contredit la premie- re des Nations, puifque mal- gré nos défauts, il n'y en a point qu'on puiffe nous préfé- rer : peut-être même pourrions- nous tirer avantage de la jaloufie de plufieurs peuples : on ne jaloufe que fes fupérieurs. A l'égard de ceux qui fe préférent naïvement à nous, c'eft parce qu'ils n'ont pas encore de droit à la jaloufie.

D'un autre côté, le commun des François croit que c'eft un mérite que de l'être : avec un tel fentiment, que leur manque-t-il pour être *patriotes*? Je ne parle point de ceux qui n'eftiment que les Etrangers. On n'affecte de méprifer fa Nation, que pour ne pas reconnoître fes fupérieurs ou fes rivaux trop près de foi.

Les hommes de mérite, de quelque Nation qu'ils foient, n'en forment qu'une entr'eux.

Ils font exempts d'une vanité nationale & puerile, ils la laiffent au vulgaire, à ceux qui n'ayant point de gloire perfonnelle, font réduits à fe prévaloir de celle de leurs compatriotes.

On ne doit donc fe permettre aucun parallele injurieux & téméraire : mais s'il eft permis de remarquer les défauts de fa Nation, il eft de devoir d'en relever le mérite, & le François en a un diftinctif.

Il eft le feul peuple dont les mœurs peuvent fe dépraver, fans que le cœur fe corrompe & que le courage s'altére, qui allie les qualités héroïques avec le plaifir, le luxe & la

molleffe :

molleffe : fes vertus ont peu de confiftance , fes vices n'ont point de racines. Le caractérè d'Alcibiade n'eft pas rare en France. Le déréglement des mœurs & de l'imagination ne donne point atteinte à la franchife, à la bonté naturelle du François : l'amour propre contribue à le rendre aimable ; plus il croit plaire, plus il a de penchant à aimer. La frivolité qui nuit au développement de fes talens & de fes vertus, le préferve en même-temps des crimes noirs & réfléchis. La perfidie lui eft étrangere , & il eft emprunté dans l'intrigue. Si l'on a quelquefois vû parmi nous des crimes

C

odieux , ils ont difparu , plu-tôt par le caractére national , que par la févérité des loix.

Un peuple très-éclairé & très-eftimable à beaucoup d'é-gards, fe plaint que la corrup-tion eft venue chez lui au point, qu'il n'y a plus de principes d'honneur, que les actions s'y évaluent toutes , qu'elles font en proportion exacte avec l'in-térêt, & qu'on y pourroit faire *le tarif des probités.*

Je fuis fort éloigné d'en croire l'humeur & des décla-mations de parti ; mais s'il y avoit un tel peuple , ce que je ne veux pas croire, il feroit compofé d'une infinité de vils criminels, parce qu'il y en au-

roit à tout prix, & on y trou-
veroit plus de scélérats qu'en
aucun lieu du monde, puisqu'il n'y auroit point de vertu
dont on ne pût trouver la valeur.

Cela n'est pas heureuse-
ment ainsi parmi nous. On y
voit peu de criminels par systême, la misere y est le principal écueil de la probité. Le
François se laisse entraîner par
l'exemple, & séduire par le
besoin; mais il ne trahit pas la
vertu de dessein formé. Or la
nécessité ne fait guére que des
fautes; la cupidité réduite en
systême fait les crimes.

C'est déja un grand avantage, que de ne pas supposer que

la probité puiſſe être vénale; cela empêche bien des gens de chercher le prix de la leur; elle n'exiſte plus dès qu'elle eſt à l'encan.

Les abus & les inconvéniens qu'on remarque parmi nous, ne ſeroient pas ſans remédes; ſi on le vouloit. Sans entrer dans le détail de ceux qui appartiennent autant à l'autorité qu'à la Philoſophie, quel parti ne tireroit pas de lui-même un peuple chez qui l'éducation générale ſeroit aſſortie à ſon génie, à ſes qualités propres, à ſes vertus, & même à ſes défauts?

CHAPITRE II.

Sur l'Education.

ON trouve parmi nous beaucoup d'instruction, & peu d'éducation. On y forme des Savans, des Artistes de toutes espéces; chaque partie des Lettres, des Sciences & des Arts y est cultivée avec succès. Mais on ne s'est pas encore avisé de former des hommes, c'est-à-dire, de les élever respectivement les uns pour les autres, de faire porter sur une base d'éducation générale toutes les instructions particulieres; de façon qu'ils fuſſent accoutumés à chercher leurs avantages perſonnels dans le plan du bien général, & que dans quelque profeſſion que ce fût, ils commençaſſent par être patriotes.

Nous avons tous dans le cœur des germes de vertus & de vices ; il s'agit d'étouffer les uns & de développer les autres. Toutes les facultés de l'ame ſe réduiſent à ſentir & penſer ; nos plaiſirs conſiſtent à aimer & connoître : il ne faudroit donc que regler & exercer ces diſpoſitions, pour rendre les hommes utiles & heureux par le bien qu'ils feroient & qu'ils éprouveroient euxmêmes. Telle eſt l'éducation qui devroit être générale & uniforme ; au lieu que l'instruction doit être variée & différente suivant l'état, l'inclination & les dispositions de ceux qu'on veut instruire.

Ce n'est point ici une idée de République imaginaire : d'ailleurs ces sortes d'idées sont au moins d'heureux modéles, des chimeres qui ne le sont pas totalement , & qui peuvent être réalisées jusqu'à un certain point. Bien des choses ne sont impossibles que parce qu'on s'est accoutumé à les regarder comme telles. Une opinion contraire & du courage rendroient souvent facile ce que le préjugé & la lâcheté jugent impraticable.

Peut-on regarder comme chimerique ce qui s'eſt exécuté ? Quelques anciens peuples, tels que les Egyptiens & les Spartiates, n'ont-ils pas eu une éducation relative à l'Etat, & qui en faiſoit en partie la conſtitution ?

En vain voudroit-on révoquer en doute des mœurs ſi éloignées des nôtres : on ne peut connoître l'antiquité que par le témoignage des Hiſtoriens ; tous dépoſent & s'accordent ſur cet article. Mais comme on ne juge des hommes que par ceux de ſon ſiécle, on a peine à ſe perſuader qu'il y en ait eu de plus ſages autrefois, quoiqu'on ne cesse de le répéter par humeur. Je veux bien accorder quelque chose à un doute philosophique, en supposant que les Historiens ont embelli les objets; mais c'est précisément ce qui prouve à un Philosophe qu'il y a un fonds de vérité dans ce qu'ils ont écrit. Il s'en faut bien qu'ils rendent un pareil témoignage à d'autres peuples dont ils vouloient cependant relever la gloire.

Il est donc constant que dans l'éducation qui se donnoit à Sparte, on s'attachoit d'abord à former des Spartiates. C'est ainsi qu'on devroit dans tous les Etats inspirer les sentimens de Citoyen, former des François parmi nous, & pour en faire des François, travailler à en faire des hommes.

Je ne sais si j'ai trop bonne opinion de mon siécle ; mais il me semble qu'il y a une certaine fermentation de raison universelle qui tend à se développer, qu'on laissera peut-être se dissiper, & dont on pourroit assurer & hâter les progrès par une éducation bien entendue.

Loin de se proposer ces grands principes, on s'occupe de quelques méthodes d'instructions particulieres dont l'application est encore bien peu éclairée.

Les Artisans, les Artistes, ceux enfin qui attendent leur existence de leur travail, sont peut-être les seuls qui reçoivent des instructions convenables à leur destination; mais on donne absolument les mêmes à ceux qui sont nés avec une sorte de fortune. Il y a un certain amas de connoissances prescrites par l'usage, qu'ils apprennent imparfaitement ; après quoi ils sont censés instruits de tout ce qu'ils doivent savoir, quelles que soient les professions ausquelles on les destine.

Voilà ce qu'on appelle l'éducation, & ce qui en mérite si peu le nom. La plupart des hommes qui penſent , ſont ſi perſuadés qu'il n'y en a point de bonne , que ceux qui s'intéreſſent à leurs enfans , ſongent d'abord à ſe faire un plan nouveau pour les élever. Il eſt vrai qu'ils ſe trompent ſouvent dans les moyens de réformation qu'ils imaginent, & que leurs ſoins ſe bornent d'ordinaire à abréger ou applanir quelques routes des Sciences ; mais leur conduite prouve du moins qu'ils ſentent confuſément les défauts de l'éducation uſuelle , ſans diſcerner préciſément en quoi ils conſiſtent:

De-là les partis biſarres qu'ils prennent , & les erreurs où tombent ceux mêmes qui cherchent le vrai avec plus de bonne foi que de discernement.

Les uns ne distinguant ni le terme où doit finir l'éducation générale, ni la nature de l'éducation particuliere qui doit succéder à la premiere, adoptent souvent celle qui convient le moins à l'homme que l'on veut former. Cela mérite cependant la plus grande attention. Dans l'éducation générale on doit considérer les hommes relativement à l'humanité & à la patrie; c'est l'objet de la morale. Dans l'éducation particuliere, il faut avoir égard à la condition, aux dif-

positions naturelles, aux talens personnels. Tel est ou devroit être l'objet de l'instruction. La conduite qu'on suit
me paroît bien différente.

Qu'un ouvrage destiné à l'é-
ducation d'un Prince ait de la
célébrité, le moindre Gentil-
homme le croit propre à l'éducation de son fils. Une vanité
sotte décide plus ici que le jugement. Quel rapport en effet y
a-t-il entre deux hommes, dont
l'un doit commander, & l'autre obéir, sans avoir même le
choix de l'espéce d'obéissance ?

D'autres frappés des préjugés
dont on nous accable, donnent dans une extrêmité plus
dangereuse que l'éducation là

plus imparfaite. Ils regardent comme autant d'erreurs tous les principes qu'ils ont reçus, & les proscrivent universelle-ment. Cependant les préjugés mêmes doivent être discutés & traités avec circonspection.

Un préjugé n'étant autre chose qu'un jugement porté ou admis sans examen, peut être une vérité ou une erreur.

Les préjugés nuisibles à la société ne peuvent être que des erreurs, & ne sauroient être trop combattus. On ne doit pas non plus entretenir des erreurs indifférentes par elles-mêmes, s'il y en a de telles : mais celles-ci exigent de la prudence; il en faut quelquefois même en combattant le vice, on ne doit pas arracher témérairement l'ivroie. A l'égard des préjugés qui tendent au bien de la société, & qui font des germes de vertus, on peut être fûr que ce font des vérités qu'il faut refpecter & fuivre. Il eft inutile de s'attacher à démontrer des vérités admifes, il fuffit d'en recommander la pratique. En voulant trop éclairer les hommes, on ne leur infpire qu'une préfomption dangereufe. Eh pourquoi entreprendre de leur faire pratiquer par raifonnement ce qu'ils fuivoient par fentiment, par un préjugé honnête? Ces guides font bien auffi fûrs que le raifonnement.

On

On déclame beaucoup depuis un temps contre les préjugés, peut-être en a-t-on trop détruit; le préjugé eſt la loi du commun des hommes. La diſcuſſion en cette matiére exige des principes ſûrs & des lumiéres rares. La plupart étant incapables d'un tel examen, doivent conſulter le ſentiment intérieur : les plus éclairés pourroient encore en morale le préférer ſouvent à leurs lumiéres, & prendre leur goût ou leur répugnance pour la régle la plure ſûre de leur conduite. On ſe trompe rarement par cette méthode : quand on eſt bien intimement content de ſoi à l'égard des autres, il

D

n'arrive guére qu'ils soient mécontens. On a peu de reproches à faire à ceux qui ne s'en font point, & il est inutile d'en faire à ceux qui ne s'en font plus.

Je ne puis me dispenser à ce sujet de blâmer les Ecrivains qui, sous prétexte d'attaquer la superstition, ce qui seroit un motif louable & utile, si l'on s'y renfermoit en Philosophe Citoyen, cherchent à sapper les fondemens de la morale, & donnent atteinte aux liens de la société : d'autant plus insensés, qu'il seroit dangereux pour eux-mêmes de faire des proselites. Le funeste effet qu'ils produisent sur leurs Lec-

teurs, eſt d'en faire dans la jeuneſſe de mauvais citoyens, des
criminels ſcandaleux, & des
malheureux dans l'âge avancé :
car il y en a peu qui ayent alors
le triſte avantage d'être aſſez
pervertis pour être tranquilles.

L'empreſſement avec lequel
on lit ces ſortes d'ouvrages, ne
doit pas flatter les Auteurs qui
d'ailleurs auroient du mérite.
Ils ne doivent pas ignorer que
les plus miſérables Ecrivains
en ce genre partagent preſque
également cet honneur avec
eux. La ſatyre, la licence &
l'impiété n'ont jamais ſeules
prouvé d'eſprit. Les plus mépriſables par ces endroits peuvent être lûs une fois : ſans leurs

excès on ne les eût jamais nom-
més; semblables à ces malheureux que leur état condamnoit
aux ténébres, & dont le Public
n'apprend les noms que par
leurs crimes & leur supplice.

Pour en revenir aux préjugés, il y auroit une méthode
assez sûre de les juger sans les
discuter formellement, qui ne
seroit pas pénible, & qui dans
les détails seroit souvent ap-
plicable, sur tout en morale.
Ce seroit d'observer les choses
dont on tire vanité. Il est alors
bien vraisemblable que c'est
d'une fausse idée. Plus on est
vertueux, plus on est éloigné
d'en tirer vanité, & plus on est
persuadé qu'on ne fait que son

devoir; les vertus ne donnent point d'orgueil.

Les préjugés les plus tenaces sont toujours ceux dont les fondemens sont les moins solides. On peut se détromper d'une erreur raisonnée, par cela même que l'on raisonne. Un raisonnement mieux fait peut désabuser du premier : mais comment combattre ce qui n'a ni principe, ni conséquence ? Et tels sont tous les faux préjugés. Ils naissent & croissent insensiblement par des circonstances fortuites, & se trouvent enfin généralement établis chez les hommes, sans qu'ils en ayent apperçu les progrès. Il n'est pas étonnant que de fausses opinions se soient élevées à l'insu de ceux qui y sont le plus attachés; mais elles se détruisent comme elles sont nées. Ce n'est pas la raison qui les proscrit, elles se succédent & périssent par la seule révolution des temps. Les unes font place aux autres, parce que notre esprit ne peut même embrasser qu'un nombre limité d'erreurs.

Quelques opinions consacrées parmi nous paroîtront absurdes à nos neveux : il n'y aura parmi eux que les Philosophes qui concevront qu'elles ayent pû avoir des partisans. Les hommes n'exigent point de preuves pour adopter une opinion; leur efprit n'a befoin que d'être familiarifé avec elle, comme nos yeux avec les modes.

Il y a des préjugés reconnus ou du moins avoués pour faux par ceux qui s'en prévalent davantage. Par exemple, celui de la naiffance eft donné pour tel par ceux qui font les plus fatiguants fur la leur. Ils ne manquent pas, à moins qu'ils ne foient d'un orgueil ftupide, de répéter qu'ils favent que la nobleffe du fang n'eft qu'une chimére. Cependant il n'y a point de préjugé dont on fe défaffe moins : il y a peu d'hommes affez fages pour regarder la nobleffe comme un avanta-

ge, & non pas comme un mérite, pour se borner à en jouir,
sans en tirer vanité. Que ces
hommes nouveaux qu'on vient
de décrasser soient ennivrés de
titres peu faits pour eux, ils
sont excusables : mais il est
étonnant de trouver la même
manie dans ceux qui pour-
roient s'en rapporter à la publicité de leur nom. Si ceux-ci
prétendent par là forcer au
respect, ils outrent leurs prétentions, & les portent au-delà
de leurs droits. Le respect
d'obligation n'est dû qu'à ceux
à qui on est subordonné de
devoir, aux vrais supérieurs,
que nous devons toujours distinguer de ceux dont le rang
seul

feul eſt ſupérieur au nôtre. Le reſpect qu'on rend uniquement à la naiſſance, eſt un devoir de ſimple bienſéance ; c'eſt un hommage à la mémoire des ancêtres qui ont illuſtré leur nom, hommage qui à l'égard de leurs deſcendans, reſſemble en quelque ſorte au culte des Images auxquelles on n'attribue aucune vertu propre, dont la matiere peut être mépriſable, qui ſont quelquefois des productions d'un art groſſier que la piété ſeule empêche de trouver ridicules, & pour leſquelles on n'a qu'un reſpect de relation.

Si l'on vouloit diſcuter la plupart des opinions reçues,

que de faux préjugés ne trou-
veroit-on pas, à ne considérer
que ceux dont l'examen seroit
relatif à l'éducation ? On suit
par habitude & avec confiance
des idées établies par le hasard.

Si l'éducation étoit raisonnée, les hommes acquerroient
une très-grande quantité de
vérités avec plus de facilité
qu'ils ne reçoivent un petit
nombre d'erreurs. Les vérités
ont entr'elles une relation ,
une liaison, des points de con-
tact, qui en favorisent la connoissance & la mémoire ; au
lieu que les erreurs sont ordinairement isolées , elles ont
plus d'effet qu'elles ne sont

conséquentes, & il faut plus d'efforts pour s'en détromper que pour s'en préserver.

L'éducation ordinaire est bien éloignée d'être systêmatique. Après quelques notions imparfaites de choses assez peu utiles, on recommande pour toute instruction les moyens de faire fortune, & pour morale la politesse ; encore est - elle moins une leçon d'humanité, qu'un moyen nécessaire à la fortune.

Cette politesse si recommandée, sur laquelle on a tant écrit, tant donné de préceptes, & si peu d'idées fixes, en quoi consiste-t-elle ? On regarde comme épuisés les sujets

dont on a beaucoup parlé , &
comme éclaircis ceux dont on
a vanté l'importance. Je ne me
flatte pas de traiter mieux cette matiere qu'on ne l'a fait
jufqu'ici ; mais j'en dirai mon
fentiment en peu de mots. Il
y a des fujets inépuifables :
d'ailleurs il eft utile que ceux
qu'il nous importe de connoître foient envifagés fous différentes faces, & vûs par différens yeux. Une vûe foible, &
que fa foibleffe même rend at-
tentive, apperçoit quelquefois
ce qui avoit échappé à une vûe
étendue & rapide.

La politeffe eft l'expreffion
ou l'imitation des vertus focia-
les ; c'en eft l'expreffion, fi elle

eſt vraie, & l'imitation, ſi elle eſt fauſſe : & les vertus ſociales ſont celles qui nous rendent utiles & agréables à ceux avec qui nous avons à vivre. Un homme qui les poſſéderoit toutes, auroit néceſſairement la politeſſe au ſouverain degré.

Mais comment arrive-t-il qu'un homme d'un génie élevé, d'un cœur généreux, d'une juſtice exacte, manque de politeſſe, tandis qu'on la trouve dans un homme borné, intéreſſé & d'une probité ſuſpecte ? C'eſt que le premier manque de quelques qualités ſociales, telles que la prudence, la diſcrétion, la réſerve, l'indulgence pour les défauts & les foiblesses des hommes. Une des premieres vertus sociales est de tolérer dans les autres ce qu'on doit s'interdire à soi-même. Au lieu que le second, sans avoir aucune vertu, a l'art de les imiter toutes. Il fait témoigner du respect à ses supérieurs, de la bonté à ses inférieurs, de l'estime à ses égaux, & les persuader tous qu'il en pense avantageusement, sans avoir aucun des sentimens qu'il imite.

On ne les exige pas même aujourd'hui, & l'art de les feindre est ce qui constitue la politesse de nos jours. Cet art est souvent assez ridicule &

aſſez vil pour être donné pour ce qu’il eſt, c’eſt-à-dire, pour faux.

Les hommes ſavent que les politeſſes qu’ils ſe font ne ſont qu’une imitation de l’eſtime. Ils conviennent en général que les choſes obligeantes qu’ils ſe diſent ne ſont pas le langage de la vérité, & dans les occaſions particulieres ils en ſont les dupes. L’amour propre perſuade groſſiérement à chacun que ce qu’il fait par décence, on le lui rend par juſtice.

Quand on ſeroit convaincu de la fauſſeté des proteſtations d’eſtime, on les préféreroit encore à la ſincérité, parce

que cette fausseté a un air de
respect dans les occasions où
la vérité seroit une offense. Un
homme sait qu'on pense mal
de lui, cela est humiliant ; l'a-
veu qu'on lui en feroit seroit
une insulte, on lui ôteroit par-
là la ressource de chercher à
s'aveugler lui-même, & on lui
prouveroit le peu de cas qu'on
fait de lui. Les gens les plus
unis & qui s'estiment à plus
d'égards, deviendroient ennemis mortels , s'ils se témoi-
gnoient complettement ce
qu'ils pensent les uns des autres. Il y a un certain voile
d'obscurité qui conserve bien
des liaisons, & qu'on craint
de lever de part & d'autre.

Je suis bien éloigné de con-
seiller aux hommes de se témoigner durement ce qu'ils
pensent, parce qu'ils se trompent souvent dans les jugemens qu'ils portent, & qu'ils
sont sujets à se rétracter bientôt, sans juger ensuite plus
sainement. Quelque sûr qu'on
fût de son jugement, cette
dureté n'est permise qu'à l'a-
mitié, encore faut-il qu'elle
soit autorisée par la nécessité
& l'espérance du succès. Les
opérations cruelles n'ont été
imaginées que pour sauver la
vie, & les palliatifs pour adoucir les douleurs.

Laissons à ceux qui sont
chargés de veiller sur les

mœurs, le foin de faire 'entendre les vérités dures ; leur voix ne s'adreffe qu'à la multitude ; mais on ne corrige les particuliers qu'en leur prouvant de l'intérêt, & ménageant leur amour propre.

Mais quelle eft donc l'efpèce de diffimulation permife, ou plutôt quel eft le milieu qui fépare la fauffeté vile de la fincérité offenfante ? Ce font les égards réciproques qui font le lien de la fociété, & qui naiffent du fentiment de fes propres imperfections, & du befoin qu'on a d'indulgence. On ne doit ni offenfer ni tromper les hommes.

Il femble que dans l'éducation des gens du monde, on les suppose incapables de vertus, & qu'ils auroient à rougir de se montrer tels qu'ils sont. On ne leur recommande qu'une fausseté qu'on appelle politesse. Ne diroit-on pas qu'un masque est un reméde à la laideur ?

La politesse d'usage n'est qu'un jargon fade, plein d'expressions exagerées, aussi vuides de sens que de sentiment.

La politesse, dit-on, marque cependant l'homme de naissance ; les plus grands sont les plus polis. J'avoue que cette politesse est le premier signe de la hauteur, un rempart contre la familiarité.

Il y a bien loin de la politesse
à la douceur, & plus loin encore de la douceur à la bonté.
Les Grands qui écartent les
hommes à force de politesses
sans bonté, ne font bons qu'à
être écartés eux-mêmes à force de respects sans attachement.

La politesse, ajoute-t-on,
prouve l'éducation soignée, &
qu'on a vêcu dans un monde
choisi ; elle exige un tact si
fin, un sentiment si délicat sur
les convenances, que ceux qui
n'y ont pas été initiés de bonne
heure, font dans la suite de
vains efforts pour l'acquérir,
& ne peuvent jamais en saisir
la grace. Premierement, la

difficulté d'une chofe n'eft pas une preuve de fon excellence. Secondement , il feroit à defirer que des hommes qui de deffein formé renoncent à leur caractére , n'en recueilliffent d'autre fruit que d'être ridicules ; peut-être cela les rameneroit-il au vrai & au fimple.

D'ailleurs cette politeffe fi exquife n'eft pas auffi rare , que ceux qui n'ont pas d'autre mérite voudroient le perfuader. Elle produit aujourd'hui fi peu d'effet , la fauffeté en eft fi reconnue , qu'elle en eft quelquefois dégoutante pour ceux à qui elle s'adreffe , & qu'elle a fait naître à certaines gens l'idée de jouer la groffiereté & la brusquerie pour imiter la franchise, & couvrir leurs desseins. Ils sont brusques sans être francs, & faux sans être polis.

Ce manége est déja assez commun pour qu'il dût être plus reconnu qu'il ne l'est encore.

Il devroit être défendu d'être brusque à quiconque ne feroit pas excuser cet inconvénient de caractére par une conduite irréprochable.

Ce n'est pas qu'on ne puisse joindre beaucoup d'habileté à beaucoup de droiture ; mais il n'y a qu'une continuité de procédés francs qui constate bien la distinction de l'habileté & de l'artifice. On ne doit pas pour cela regreter les temps grossiers où l'homme uniquement frappé de son intérêt, le cherchoit toujours par un instinct féroce au préjudice des autres. La grossiereté & la rudesse n'excluent même ni la fraude ni l'artifice, puisqu'on les remarque dans les animaux les moins disciplinables.

Ce n'est qu'en se polissant que les hommes ont appris à concilier leur intérêt particulier avec l'intérêt commun, qu'ils ont compris que par cet accord chaque homme tire plus de la société qu'il n'y peut mettre.

Les hommes se doivent donc des égards, puisqu'ils se doivent tous de la reconnoissance. Ils se doivent réciproquement une politesse digne d'eux, faite pour des êtres pensans, & variée par les différens sentimens qui doivent l'inspirer.

Ainsi la politesse des Grands doit être de l'humanité; celle des inférieurs de la reconnoissance, si les Grands le méritent; celle des égaux de l'estime & des services mutuels. Loin d'excuser la rudesse, il seroit à desirer que la politesse qui vient de la douceur des mœurs fût toujours unie à celle qui partiroit de la droiture du cœur.

Le

Le plus malheureux effet de la politesse d'usage, est d'enseigner l'art de se passer des vertus qu'elle imite. Qu'on nous inspire dans l'éducation l'humanité & la bienfaisance, nous aurons la politesse, ou nous n'en aurons plus besoin.

Si nous n'avons pas celle qui s'annonce par les graces, nous aurons celle qui annonce l'honnête homme & le Citoyen; nous n'aurons pas besoin de recourir à la fausseté.

Au lieu d'être artificieux pour plaire, il suffira d'être bon; au lieu d'être faux pour flatter les foiblesses des autres, il suffira d'être indulgent.

Ceux avec qui l'on aura de tels procédés , n'en feront ni enorgueillis , ni corrompus ; ils n'en feront que reconnoiſſans , & en deviendront meilleurs.

Tels ſont les fondemens ſur leſquels l'éducation générale devroit porter, pour préparer les inſtructions particulieres.

CHAPITRE III.

Sur la Probité, la Vertu & l'Honneur.

ON n'entend parler que de probité, de vertu & d'honneur ; mais tous ceux qui employent ces expreſſions en ont-ils des idées uniformes ? Tâchons de les diſtinguer. Il vaudroit mieux, ſans doute, inſpirer des ſentimens dans une matiere qui ne doit pas ſe borner à la ſpéculation ; mais il eſt toujours utile d'éclaircir & de fixer les principes de nos devoirs. Il y a bien des occaſions où la pratique dépend de nos lumiéres.

La probité eſt l'obſervation des loix. Mais indépendamment de celles qui répriment les entrepriſes contre la ſociété politique, il y a des ſentimens & des procédés d'uſage qui font la ſûreté ou la douceur de la ſociété civile, du commerce particulier des hommes, & dont l'obſervation eſt d'autant plus indiſpenſable, qu'elle eſt libre & volontaire ; au lieu que les loix ont pourvu à leur propre exécution. Qui n'auroit que la probité qu'elles exigent, ſeroit encore un aſſez mal-honnête homme.

Les loix ſe ſont prêtées à la

foiblesse & aux passions, en ne réprimant que ce qui attaque ouvertement la société : si elles étoient entrées dans le détail de tout ce qui peut la blesser indirectement , elles n'auroient pas été universellement comprises , ni par conséquent suivies ; il y auroit eu trop de criminels , qu'il eût quelquefois été dur & souvent difficile de punir , attendu la proportion qui doit toujours être entre les fautes & les peines.

Les hommes venant à se polir & s'éclairer, ceux dont l'ame étoit la plus honnête ont suppléé aux loix générales, en établissant par une convention tacite des procédés aufquels l'ufage a donné force de loi parmi les honnêtes gens. Il n'y a point à la vérité de punition prononcée contre les infracteurs, mais elle n'en eft pas moins réelle. Le mépris & la honte en font le châtiment, & c'eft le plus fenfible pour ceux qui font dignes de le reffentir. L'opinion publique qui exerce la juftice à cet égard, y met des proportions exactes, & fait des diftinctions très-fines.

On juge les hommes fur leur état, leur éducation, leur fituation, leurs lumiéres. Il femble qu'on foit convenu de différentes efpéces de probités, qu'on ne soit obligé qu'à celle de son état, & qu'on ne puisse avoir que celle de son esprit. On est plus sévere à l'égard de ceux qui étant expo-sés à la vûe peuvent servir d'exemple, que sur ceux qui sont dans l'obscurité. Moins on exige d'un homme dont on devroit beaucoup prétendre, plus on lui fait injure. En fait de procédés, on est bien près du mépris, quand on a droit à l'indulgence.

L'opinion publique étant elle-même la peine des actions dont elle est juge, ne sauroit manquer d'être sévere sur les choses qu'elle condamne. Il y a telles actions dont le soup-

çon fait la preuve, & la publicité le châtiment.

Il est assez étonnant que cette opinion si sévere sur de simples procédés, se renferme dans des bornes sur les crimes qui sont du ressort des loix. Ceux-ci ne deviennent vérita-blement honteux que par le châtiment qui les suit.

Il n'y a point de maxime plus fausse dans nos mœurs, que celle qui dit, *le crime fait la honte, & non pas l'échafaut.* Cela devroit être, mais on se réhabilite d'un crime impuni ; & qu'on ne dise pas que c'est parce que le châtiment le constate, & en fait seul une preuve suffisante.

Les

Les hommes sont plus téméraires que circonspects dans leurs jugemens; mais ils ne sont réellement frappés que des faits matériels & sensibles: cela est si vrai, qu'un crime constaté par une grace, flétrit toujours moins que le châtiment. On le remarque principalement dans l'injustice & la bisarrerie du préjugé cruel qui fait rejaillir l'opprobre sur ceux que le sang unit à un criminel; desorte qu'il est peut-être moins malheureux d'appartenir à un coupable reconnu & impuni, qu'à un infortuné dont l'innocence n'a été reconnue qu'après le supplice.

Je crois avoir remarqué une

G

autre bifarrerie dans l'application de ce préjugé. On reproche plus aux enfans la honte de leurs peres, qu'aux peres
celle de leurs enfans. Il me
femble que le contraire feroit
moins injufte, parce que ce
feroit alors punir les peres de
n'avoir pas rectifié les mauvaifes inclinations de leurs enfans par une éducation con-
venable. Si l'on penfe autrement, eft-ce par un fentiment
de compaffion pour la vieil-
leffe, ou par le plaifir barbare
d'empoifonner la vie de ceux
qui ne font que de commencer
leur carriére ?

Pour éclaircir enfin ce qui
concerne la probité, il s'agit

de savoir si l'obéissance aux loix, & la pratique des procédés d'usage suffisent pour constituer l'honnête homme. On verra, si l'on y réfléchit, que cela n'est pas encore suffisant pour la parfaite probité. En effet, on peut avec un cœur dur, un esprit malin, un caractére féroce & des sentimens bas, avoir par intérêt, par éducation, par orgueil ou par crainte, avoir, dis-je, cette probité qui met à couvert de tout reproche de la part des hommes.

Mais il y a un Juge plus éclairé, plus sévére & plus juste que les loix & les mœurs ; c'est le sentiment intérieur, qu'on appelle la conscience.

Les loix n'ayant pas prononcé fur des fautes autant ou plus graves en elles-mêmes que plufieurs de celles qu'elles ont condamnées, & les mœurs n'ayant pas embraffé tout ce que les loix avoient obmis ; il eft heureux pour les hommes que chacun d'eux ait dans fon cœur un Juge qui défend les autres , ou qui le condamne lui-même.

Combien y a-t-il de chofes tolérées dans les mœurs, & qui font plus dangereufes que ce qu'elles ont profcrit ? Doit-on regarder comme innocent un trait de fatyre , ou même de plaifanterie de la part

d'un supérieur, qui porte quelquefois un coup irréparable à
celui qui en eſt l'objet ; un ſecours gratuit refuſé par négligence à celui dont le ſort en
dépend ; tant d'autres fautes
que tout le monde ſent, &
qu'on s'interdit ſi peu ?

Voilà cependant ce qu'une
probité exacte doit s'interdire , & dont la conſcience eſt
le Juge infaillible. Il y a même
bien des choſes condamnées
par les loix, qui ſont tolérées
dans les mœurs.

Je ne prétens point ici parler en homme religieux ; la Re-
ligion eſt la perfection & non
la baſe de la morale ; ce n'eſt
point en Métaphyſicien ſubtil,

c'eſt en Philoſophe moral, qui ne s'appuie que ſur la raiſon, & ne procéde que par le raiſonnement. Je n'ai donc pas beſoin d'examiner ſi cette conſcience eſt ou n'eſt pas un ſentiment inné ; il me ſuffit qu'elle ſoit une lumiére acquiſe, & que les eſprits les plus bornés ayent encore plus de connoiſſance du juſte & de l'injuſte par la conſcience, que les loix & les mœurs ne leur en donnent.

Cette connoiſſance fait la meſure de nos obligations ; nous ſommes tenus à l'égard d'autrui de tout ce que nous croyons être en droit d'en prétendre. Les hommes ont droit

d'attendre de nous non-feule-
ment ce qu'ils regardent comme jufte, mais ce que nous regardons nous-mêmes comme
tel, quoique les autres ne
l'ayent ni exigé, ni prévû :
notre propre confcience fait
l'étendue de leurs droits fur
nous.

Plus on a de lumiéres, plus
on a de devoirs à remplir; fi
l'efprit n'en infpire pas le fentiment, il fuggére les procédés, & démontre l'obligation
d'y fatisfaire.

Il y a un autre principe
d'intelligence fur ce fujet, fupérieur à l'efprit même ; c'eft
la fenfibilité d'ame, qui donne
une forte de fagacité fur les

choſes honnêtes , & va plus loin que la pénétration de l'eſprit ſeul.

On pourroit dire que le cœur a des idées qui lui ſont propres. On remarque entre deux hommes dont l'eſprit eſt également étendu, profond & pénétrant ſur des matiéres purement intellectuelles , quelle ſupériorité gagne celui dont l'ame eſt ſenſible, ſur les ſujets qui ſont de cette claſſe-là. Qu'il y a d'idées inacceſſibles à ceux qui ont le ſentiment froid! Les ames ſenſibles peuvent par vivacité & chaleur tomber dans des fautes que les hommes à procédés ne commettroient pas ; mais elles l'emportent de beaucoup par la quantité de biens qu'elles produifent.

Les ames fenfibles ont plus d'exiftence que les autres : les biens & les maux fe multiplient à leur égard. Elles ont encore un avantage pour la fociété, c'eft d'être perfuadées des vérités dont l'efprit n'eft que convaincu ; la conviction n'eft fouvent que paffive, la perfuafion eft active, & il n'y a de reffort que ce qui fait agir. L'efprit feul peut & doit faire l'homme de probité ; la fenfibilité fait l'homme vertueux. Je vais m'expliquer.

Tout ce que les loix exigent, ce que les mœurs recommandent, ce que la conscience inspire, se trouve renfermé dans cet axiome si connu, & si peu développé : *Ne faites point à autrui ce que vous ne voudriez pas qui vous fût fait.* L'observation exacte & précise de cette maxime fait la probité. *Faites à autrui ce que vous voudriez qui vous fût fait.* Voilà la vertu.

Il semble au premier coup d'œil que les Législateurs fussent des hommes bornés ou intéressés, qui n'ayant pas besoin des autres, vouloient empêcher qu'on ne leur fît du mal, & se dispenser de faire du bien. Cette idée paroît d'autant plus vraisemblable, que les pre miers Légiflateurs ont été des Princes, des Chefs de peuple ; ceux en un mot qui avoient le plus à perdre & le moins à ga-gner ; auffi les loix fe bornent-elles à défendre : en y fai-fant réfléxion , nous avons vû que c'eft par fageffe qu'elles en ont ufé ainfi. Les mœurs ont été plus loin que les loix, mais c'eft en partant du même prin-cipe. La confcience même fe borne à infpirer la répugnance pour le mal. La vertu fupérieu-re à la probité , exige qu'on faffe le bien , & en infpire-le défir.

La probité défend , & la vertu commande ; on eftime la probité , on refpecte la vertu.

La probité confiste presque dans l'inaction, la vertu agit. On doit de la reconnoiffance à la vertu; on pourroit s'en difpenfer à l'égard de la probité, parce qu'un homme éclairé, n'eût-il que fon intérêt pour objet, n'a pas pour y parvenir de moyen plus fûr que la probité.

Je n'ignore pas les objections qu'on peut tirer des crimes heureux; mais je fais auffi qu'il y a différentes efpéces de bonheurs; qu'on doit évaluer les probabilités du danger & du fuccès, les comparer avec le bonheur qu'on fe propofe, & qu'il n'y en a aucun dont l'efpérance la mieux fondée

puisse contre-balancer la per-
te de l'honneur, ni même le
simple danger de le perdre.
Ainsi en ne faisant d'une telle
question qu'une affaire de
calcul, le parti de la probité est toujours le meilleur
qu'il y ait à prendre. Il ne seroit pas difficile de faire une
démonstration morale de cette
vérité ; mais il y a des principes qu'on ne doit pas mettre
en question. Il est toujours à
craindre que les vérités les plus
évidentes ne contractent par
la discussion un air de problême qu'elles ne doivent jamais
avoir.

La vertu est dans le cœur ;
c'est un sentiment, une incli-

nation au bien , un amour pour
l'humanité ; elle est aux actions honnêtes ce que le vice
est au crime ; c'est le rapport
de la cause à l'effet.

En distinguant la vertu &
la probité , en observant la
différence de leur nature , il
est encore nécessaire, pour connoître le prix de l'une & de
l'autre , de faire attention aux
personnes, aux temps & aux
circonstances.

Il y a tel homme dont la
probité mérite plus d'éloges
que la vertu d'un autre. Ne
doit-on attendre que les mêmes actions de ceux qui ont
des moyens si différens ? Un
homme au sein de l'opulence

n'aura-t-il que les devoirs, les obligations de celui qui est af-siégé par tous les besoins ? Cela ne seroit pas juste. La probité est la vertu des pauvres ; la vertu doit être la probité des riches.

On rapporte quelquefois à la vertu des actions où elle a peu de part. Un service offert par vanité, ou promis par foi-blesse, fait peu d'honneur à la vertu ; la simple probité exige alors qu'il soit rendu.

On retire un homme de son nom d'un état malheureux, dont on pouvoit partager la honte. Est-ce générosité ? C'est tout au plus décence, ou peut-être orgueil.

D'un autre côté on loue, & on doit louer les actes de probité où l'on sent un principe de vertu. Un homme remet un dépôt dont il avoit seul le secret ; il n'a fait que son devoir, puisque le contraire seroit un crime ; cependant son action lui fait honneur, & doit lui en faire. On juge que celui qui ne fait pas le mal dans certaines circonstances, est capable de faire le bien : dans un acte de simple probité, c'est la vertu qu'on loue.

Un malheureux pressé de besoins, humilié par la honte de la misere, résiste aux occasions les plus critiques. Un homme dans la prospérité n'oublie

blie pas qu'il y a des malheureux, les cherche & prévient
leurs demandes. Je les estime, je les loue tous deux ; mais
c'est le premier que j'admire.

Les éloges qu'on donne à
de certaines probités, à de
certaines vertus, ne font que
le blâme du commun des hommes. Cependant on ne doit
pas les refuser ; il ne faut pas
rétrograder avec trop de sévérité sur le principe des actions, quand elles tendent au
bien de la Société. Il est toujours sage & avantageux d'en-
courager les hommes aux actes
honnêtes : ils sont capables
de prendre le pli de la vertu
comme du vice.

H

On acquiert de la vertu par la gloire de la pratiquer. Si l'on commence par amour propre, on continue par honneur, on persevere par habitude. Que l'homme le moins porté à la bienfaisance vienne par hasard, ou par un effort qu'il fera sur lui-même, à faire quelqu'action de générosité ; il éprouvera ensuite une sorte de satisfaction qui lui rendra une seconde action moins pénible : bientôt il se portera de lui-même à une troisiéme, & dans peu la bonté fera son caractére. On contracte le sentiment des actions qui se répétent.

D'ailleurs, quand on chercheroit à rapporter des actions

vertueuſes à un ſyſtême d'eſprit & de conduite plutôt
qu'au ſentiment , l'avantage
des autres ſeroit égal , & la
gloire qu'on voudroit rabaiſſer
n'en ſeroit peut-être pas moindre. Heureuſe alternative que
de réduire les cenſeurs à l'admiration, au défaut de l'eſtime !

Outre la vertu & la probité ,
qui doivent être les principes
de nos actions , il y en a un
troiſiéme très-digne d'être examiné ; c'eſt l'honneur : il eſt différent de la probité , peut-être
ne l'eſt-il pas de la vertu ; mais
il lui donne de l'éclat , & me
paroît être une qualité de plus.

L'homme de probité ſe con-
duit par éducation , par habi-

tude, par intérêt ou par crainte. L'homme vertueux agit avec bonté.

L'homme d'honneur pense & sent avec noblesse. Ce n'est pas aux loix qu'il obéit ; ce n'est pas la réfléxion , encore moins l'imitation qui le dirigent : il pense, parle & agit avec une sorte de hauteur , & semble être son propre législateur à lui-même.

On s'affranchit des loix par la puissance , on s'y souftrait par le crédit, on les élude avec adresse ; on remplace le sentiment & l'on supplée aux mœurs par la politesse ; on imite la vertu par l'hipocrisie. L'honneur est l'instinct de la

vertu, & il en fait le courage.
Il n'examine point, il agit sans
feinte, même sans prudence,
& ne connoît point cette timidité ou cette fausse honte qui
étouffe tant de vertus dans les
ames foibles ; car les caractéres
foibles ont le double inconvénient de ne pouvoir se répondre de leurs vertus, & de servir
d'instrumens aux vices de tous
ceux qui les gouvernent.

Quoique l'honneur soit une
qualité naturelle, il se développe par l'éducation, se sou-
tient par les principes, & se fortifie par les exemples. On ne
sauroit donc trop en réveiller
les idées, en réchauffer le sentiment, en relever les avanta-

ges & la gloire, & attaquer tout ce qui peut y porter atteinte.

Les réfléxions sur cette matiere peuvent servir de préservatif contre la corruption des mœurs qui se relâchent de plus en plus. Je n'ai pas dessein de renouveller les reproches que de tous temps on a fait à son siécle, & dont la répétition fait croire qu'ils ne sont pas mieux fondés dans un temps que dans un autre. Je suis persuadé qu'il y a toujours dans le monde une distribution de vertus & de vices à peu près égale ; mais il peut y avoir dans différens âges des partages inégaux, de Nation à Nation, de Peuple à Peuple. Il y a des âges plus ou moins brillans, & le nôtre ne paroît pas être celui de l'honneur.

On n'eſt certainement pas auſſi délicat, auſſi ſcrupuleux ſur les liaiſons qu'on l'a été. Quand un homme avoit jadis de ces procédés tolérés ou impunis par les Loix, & condamnés par l'honneur, le reſſentiment ne ſe bornoit pas à l'offenſé, tous les honnêtes gens prenoient parti, & faiſoient juſtice par un mépris général & public.

Aujourd'hui on a des ménagemens, même ſans vûe d'intérêt, pour l'homme le plus décrié. Je n'ai pas, vous dit-on,

ſujet de m'en plaindre perſon-
nellement , je n'irai pas me
faire le réparateur des torts.
Quelle foibleſſe ! C'eſt bien
mal entendre les intérêts de la
Société , & par conſéquent les
ſiens propres. Si les honnêtes
gens s'aviſoient de faire cauſe
commune , leur ligue ſeroit
bien forte. Quand les gens
d'eſprit & d'honneur s'enten-
dront , les ſots & les fripons
joueront un bien petit rolle.
Il n'y a malheureuſement que
les fripons qui faſſent des li-
gues ; les honnêtes gens ſe
tiennent iſolés.

On ſe cachoit autrefois de
certains procédés, & l'on en
rougiſſoit , s'ils venoient à ſe
découvrir.

découvrir. Il me semble qu'on les a aujourd'hui trop ouvertement; & dès-là il doit s'en trouver davantage, parce que la contrainte & la honte retenoient bien des hommes.

Je ne sache que l'infidélité au jeu qui soit plus décriée aujourd'hui que dans le siécle passé; encore voit-on des gens suspects à cet égard qui n'en sont pas moins accueillis d'ailleurs. La seule justice qu'on en fasse, est d'employer beaucoup de politesses & de détours pour se dispenser de jouer avec eux; cela ressemble moins au mépris qu'à une précaution. Mais un homme du monde qui est irréprochable par cet en-

droit & par la valeur, est homme d'honneur décidé. Quoiqu'il fasse profession d'être de
vos amis, n'ayez rien à démê-
ler avec lui sur l'intérêt, l'ambition ou l'amour propre. S'il
craint seulement d'*user* son crédit, il vous manquera sans
scrupule dans une occasion
essentielle, & ne sera blâmé
de personne. Vous vous croyez
en droit de lui faire des reproches, mais il en est plus surpris
que confus ; il reste homme
d'honneur. Il ne conçoit pas
que vous ayez pû regarder
comme un engagement de
simples propos de politesse ;
car cette politesse si recommandée sauve bien des basses-

ſes ; on ſeroit trop heureux qu'elle ne couvrît que des platitudes.

Il y a à la vérité telle action ſi blâmable, que l'interprétation ne ſauroit en être équivoque. Un homme d'un caractére leſte trouve encore alors le ſecret de n'être pas deshonoré, s'il a le courage d'être le premier à la publier, & de plaiſanter ceux qui ſeroient tentés de le blâmer. On n'oſe plus la lui reprocher, quand on le voit en faire gloire. L'audace fait ſa juſtification, & le reproche qu'on lui feroit feroit un ridicule auquel on n'oſe s'expoſer. On commence à douter qu'il ait tort, & on craint de l'avoir. Dans la façon commune de penser, prévoir une objection c'est la réfuter, sans être obligé d'y répondre ; dans les mœurs, prévenir un reproche c'est le détruire.

Un homme qui en a trompé un autre avec l'artifice le plus adroit & le plus criminel, loin d'en avoir des remords ou de la honte, se félicite sur son habileté ; il se cache pour réussir, & non pas d'avoir réussi ; il s'imagine simplement avoir gagné une belle partie d'échecs, & celui qui est sa dupe ne pense guére autre chose, sinon qu'il l'a perdue par sa faute : c'est de lui-même qu'il se plaint. Le ressentiment, est déja devenu un sentiment trop-noble, à peine est-on digne de haïr, & la vengeance n'est plus qu'une revanche utile; on la prend comme un moyen de réussir, & pour l'avantage qui en résulte.

Cette maniére de penser, cette négligence des mœurs avilit ceux mêmes qu'elle ne deshonore pas, & devient de plus en plus dangereuse pour la société. Ceux qui pourroient prétendre à la gloire de donner l'exemple par leur rang ou par leurs lumiéres, paroissent avoir trop peu de respect pour les principes, même quand ils ne les violent pas. Ils ignorent qu'indépen-

damment des actions, la légéreté de leurs propos, les sentimens qu'ils laissent appercevoir, font des exemples qu'ils
donnent. Le bas peuple n'ayant
aucun principe, faute d'éducation, n'a d'autre frein que
la crainte, & l'imitation pour
guide. C'est dans l'état mitoyen
que la probité est encore le plus
en honneur.

Le relâchement des mœurs
n'empêche pas qu'on ne vante
beaucoup l'honneur & la vertu; ceux qui en ont le moins
favent combien il leur importe que les autres en aient. On
auroit rougi autrefois d'avancer de certaines maximes, si
on les eût contredites par ses

actions : les discours formoient
un préjugé favorable sur les
sentimens. Aujourd'hui les discours tirent si peu à conséquence, qu'on pourroit quelquefois dire d'un homme qu'il
a de la probité, quoiqu'il en
fasse l'éloge. Cependant les
discours honnêtes peuvent toujours être utiles à la société ;
mais on ne se fait vraiment
honneur & l'on ne se rend digne de les tenir que par sa
conduite. C'est un engagement de plus, & l'on ne doit
pas craindre d'en prendre,
quand il est avantageux de les
remplir.

On prétend qu'il a régné
autrefois parmi nous un fana-

tifme d'honneur, & l'on rapporte cette heureufe manie à
un fiécle encore barbare. Il
feroit à defirer qu'elle fe re-
nouvellât de nos jours; les lumiéres que nous avons acqui-
fes ferviroient à régler cet en-
gouement, fans le refroidir.
D'ailleurs on ne doit pas craindre l'excès en cette matiére;
la probité a fes limites, & pour
le commun des hommes c'eft
beaucoup que de les atteindre;
mais la vertu & l'honneur peuvent s'étendre & s'élever à l'infini; on peut toujours en recu-
ler les bornes, on ne les paffe jamais.

CHAPITRE IV.

Sur la Réputation & la Renommée.

LEs hommes sont destinés à vivre en société, & de plus, ils y sont obligés par le besoin qu'ils ont les uns des autres : ils sont tous à cet égard dans une dépendance mutuelle.

Ce ne sont pas uniquement les besoins matériels qui les lient ; ils ont une existence morale qui dépend de leur opinion réciproque.

Il y a peu d'hommes assez sûrs & assez satisfaits de l'opinion qu'ils ont d'eux-mêmes, pour être indifférens sur celle des autres; & il y en a qui en sont plus tourmentés que des besoins de la vie.

Le desir d'occuper une place dans l'opinion des hommes, a donné naissance à la réputation & à la renommée, deux ressorts puissans de la société qui partent du même principe, mais dont les moyens & les effets ne sont pas totalement les mêmes.

Plusieurs moyens servent également à la réputation & à la renommée, & ne different que par les degrés; d'autres sont exclusivement propres à l'une ou à l'autre.

Une réputation honnête est

à la portée du commun des hommes : on l'obtient par les vertus sociales, & la pratique constante de ses devoirs. Cette espéce de réputation n'est à la vérité ni étendue, ni brillante ; mais elle est souvent la plus utile.

L'esprit, les talens, le génie procurent la célébrité, & c'est le premier pas vers la renom- mée ; mais les avantages en sont peut-être moins réels. Ce qui nous est vraiment utile nous coûte peu ; les choses ra- res & brillantes sont celles qui exigent le plus de travaux, & dont la jouissance n'est qu'i- déale.

Deux sortes d'hommes sont

faits pour la renommée. Les premiers, qui ſe rendent il-luſtres par eux-mêmes, y ont droit : les autres, qui ſont les Princes, y ſont aſſujetis : ils ne peuvent échapper à la re-nommée. On remarque égale-ment dans la multitude celui qui eſt plus grand que les au-tres, & celui qui eſt placé ſur un lieu plus élevé : on diſtin-gue en même temps, ſi la ſu-périorité de l'un & de l'autre vient de la perſonne, ou du lieu où elle eſt placée. Tels ſont le rapport & la différence qui ſe trouvent entre les grands Hommes, & les Princes qui ne ſont que Princes.

Mais laiſſant à part la foule

les Princes, sans les préferer
ni les exclure à ce titre seul,
ne considérons la renommée
que par rapport aux hommes à
qui elle est personnelle.

Les qualités qui sont uniquement propres à la renommée, s'annoncent avec éclat.
Telles sont les qualités des
Hommes d'Etat, destinés à faire la gloire, le bonheur ou le
malheur des peuples.

Quelques-uns des talens qui
font la renommée seroient inutiles, & quelquefois dangereux dans la vie privée. Il y a
eu de grands hommes qui, s'ils
ne l'eussent pas été, faute de
quelques circonstances, n'auroient jamais pû être autre cho-

se, & auroient paru incapables de tout.

La réputation & la renommée peuvent être fort différentes, & subsister ensemble.

Un homme d'Etat ne doit rien négliger pour avoir une réputation honnête ; mais il ne doit compter que sur la renommée, qui peut seule le justifier contre ceux qui attaquent sa réputation. Il est comptable au monde, & non pas à des particuliers intéressés, aveugles ou téméraires.

Ce n'est pas qu'on ne puisse mériter à la fois une grande renommée & une mauvaise réputation ; mais la renommée portant principalement sur des faits, est ordinairement mieux fondée que la réputation, dont les principes peuvent être équivoques. La renommée est assez constante & uniforme; la réputation ne l'est presque jamais.

Ce qui peut consoler les grands hommes sur les injustices qu'on fait à leur réputation, ne doit pas la leur faire sacrifier légérement à la renommée, parce qu'elles se prêtent réciproquement beaucoup d'éclat. Quand on fait le sacrifice de la réputation par une circonstance forcée de son état, c'est un malheur qui doit se faire sentir, & qui exige tout le courage que peut inspirer l'amour du bien public. Ce seroit aimer bien généreusement l'humanité, que de la servir au mépris de la réputation ; ou ce seroit trop méprifer les hommes, que de ne tenir aucun compte de leurs jugemens ; & dans ce cas là les ferviroit-on ? Quand le facrifice de la réputation à la renommée n'eft pas forcé par le devoir, c'eft une étrange folie, parce qu'on jouit réellement plus de fa réputation que de fa renommée.

On ne jouit en effet de l'amitié, de l'eftime, du refpect & de la confidération que de la part de ceux dont on eft entouré. Il eft donc plus avantageux que la réputation foit honnête, que fi elle n'étoit qu'étendue.

Qu'un

Qu'un homme illuftre fe trouve au milieu de ceux qui, fans le connoître perfonnellement, célébrent fon ncm en fa préfence, il jouira fans doute avec plaifir de fa célébrité ; & s'il n'éft pas tenté de fe découvrir, c'eft parce qu'il en a le pouvoir, & par un jeu libre de l'amour propre. Mais s'il lui étoit abfolument impoffible de fe faire connoître, fon plaifir n'étant plus libre, peut-être fa fituation feroit-elle pénible ; ce feroit prefque entendre parler d'un autre que foi. On peut faire la même réfléxion fur la fituation contraire d'un homme dont le nom feroit dans le mépris, & qui en feroit té-

K

moin ignoré : il ne fe feroit pas connoître, & jouiroit au milieu de fon tourment d'une forte de confolation qui feroit dans le rapport oppofé à la peine du premier que nous avons fuppofé contraint au filence.

Si l'on réduifoit la célébrité à fa valeur réelle, on lui feroit perdre bien des fectateurs. La réputation la plus étendue eft toujours très-bornée ; la renommée même n'eft jamais univerfelle. A prendre les hommes numériquement, combien y en a-t-il à qui le nom d'Alexandre n'eft jamais parvenu ? Ce nombre furpaffe ceux qui favent qu'il a été fe

conquérant de l'Afie. Combien y a-t-il d'hommes qui
ignoroient l'exiftence de Kou-
likam dans le temps qu'il
changeoit une partie de la
face de la terre ?

La terre a des bornes affés
étroites, & la renommée peut
toujours s'étendre fans jamais
les remplir. Quel caractére de
foibleffe que de pouvoir croître à l'infini, fans atteindre à
un terme limité !

On fe flatte du moins que
l'admiration des hommes inf-
truits doit dédommager de l'i-
gnorance des autres. Mais le
propre de la renommée eft de
compter, de multiplier les
voix, & non pas de les appré-

tier; & dans ce cas-là, il semble que le fruit de la renommée se borne à un hommage rendu aux syllabes d'un nom: cependant plusieurs ne plaignent ni peines, ni travaux pour y parvenir; ne pouvant être illustres, ils tâchent du moins d'être fameux: ils veulent qu'on parle d'eux, qu'on en soit occupé; ils aiment mieux être malheureux qu'ignorés. Celui dont les malheurs attirent l'attention, est à demi consolé.

Quand le desir de la célébrité n'est qu'un sentiment, il peut être, suivant son objet honnête pour celui qui l'éprouve, & utile à la société;

mais si c'est une manie, elle est bientôt injuste, artificieuse & avilissante par les manœuvres qu'elle emploie : l'orgueil fait faire autant de bassesses que l'intérêt. Voilà ce qui produit tant de réputations usurpées & peu solides.

Rien ne rendroit plus indifférent sur la réputation, que de voir comment elle s'établit souvent, se détruit, se varie, & quels sont les auteurs de ces révolutions.

A peine un homme paroît-il dans quelque carriére que ce soit, pour peu qu'il montre de dispositions heureuses, quelquefois même sans cela, chacun s'empresse de le servir, de l'annoncer, de l'exalter : c'est toujours en commençant qu'on est un prodige. D'où vient cet empreſſement ? Eſt-ce généroſité, bonté ou juſtice ? Non, c'eſt envie, ſouvent ignorée de ceux qu'elle excite. Dans chaque carriére il ſe trouve toujours quelques hommes ſupérieurs. Les ſubalternes ne pouvant aſpirer aux premieres places, cherchent à en écarter ceux qui les occupent en leur ſuſcitant des rivaux.

On dira peut-être qu'il doit être indifférent, par qui les premiers rangs ſoient occupés, à ceux qui n'y peuvent atteindre ; mais c'eſt bien peu connoître les paſſions que de les faire raisonner. Elles ont des motifs & jamais de principes. L'envie sent & agit, ne réfléchit ni ne prévoit : si elle réussit dans son entreprise, elle cherche aussi-tôt à détruire son propre ouvrage. On tâche de précipiter du faîte celui à qui on a prêté la main pour faire les premiers pas : on ne lui pardonne point de n'avoir plus besoin de secours.

C'est ainsi que les réputations se forment & se détruisent. Quelquefois elles se soutiennent, soit par la solidité du mérite qui les affermit, soit par l'artifice de celui qui ayant été élevé par la cabale, fait mieux qu'un autre les ressorts qui la font mouvoir, ou qui embarrassent son action.

Il arrive souvent que le Public est étonné de certaines réputations qu'il a faites ; il en cherche la cause, & ne pouvant la découvrir, parce qu'elle n'existe pas, il n'en conçoit que plus d'admiration & de respect pour le fantôme qu'il a créé. Ces réputations ressemblent aux fortunes, qui sans fonds réels, portent sur le crédit, & n'en sont que plus brillantes.

Comme le Public fait des réputations par caprice, des Particuliers en usurpent par manége ou par une sorte d'impudence, qu'on ne doit pas même

même honorer du nom d'a-
mour propre. Ils annoncent
qu'ils ont beaucoup de mérite :
on plaifante d'abord de leurs
prétentions ; ils répétent les
mêmes propos fi fouvent, &
avec tant de confiance, qu'ils
viennent à bout d'en impofer.
On ne fe fouvient plus par qui
on les a entendu tenir, & l'on
finit par les croire ; cela fe
répéte comme un bruit de
Ville, qu'on n'approfondit
point.

On fait même des affocia-
tions pour ces fortes de manœuvres ; c'eft ce qu'on appelle une cabale.

On entreprend de deffein
formé de faire une réputation,

L

& l'on en vient à bout.

Quelque brillante que soit une telle réputation, il n'y a quelquefois que celui qui en est le sujet qui en soit la dupe. Ceux qui l'ont créé savent à quoi s'en tenir, quoiqu'il y en ait aussi qui finissent par respecter leur ouvrage.

D'autres frappés du contraste de la personne & de sa réputation, ne trouvant rien qui justifie l'opinion publique, n'osent manifester leur sentiment propre. Ils acquiescent à la fausseté par timidité, complaisance ou intérêt ; desorte qu'il n'est pas rare d'entendre quantité de gens répéter le même propos, qu'ils désa-

youent intérieurement. La
plupart des hommes n'osent ni
blâmer ni louer seuls , & ne
sont pas moins timides pour
protéger que pour attaquer; il
y en a peu qui ayent le courage de se passer de partisans ou
de complices; je ne dis pas pour
manifester leur sentiment ,
mais pour y persister ; ils tâchent de s'y affermir eux-mêmes en le suggerant à d'autres ,
sinon ils l'abandonnent.

Quoi qu'il en soit, les réputations usurpées qui produisent le plus d'illusion , ont
toujours un côté ridicule qui
devroit empêcher d'en être
fort flatté. Cependant on voit
quelquefois employer les mê-

mes manœuvres par ceux qui
auroient affés de mérite pour
s'en paffer.

Quand le mérite fert de bafe
à la réputation, c'eft une grande mal-adreffe que d'y joindre
l'artifice, parce qu'il nuit plus
à la réputation méritée, qu'il
ne fert à celle qu'on ambition-
ne. Si le Public vient à le reconnoître, & il le reconnoît
enfin, il fe révolte, & dégrade
la gloire la mieux acquife.
C'eft une injuftice, mais il ne
faut pas le mettre en droit d'ê-
tre injufte. L'envie à qui les
prétextes fuffifent, s'applaudit
d'avoir des motifs, & les faifit
avec ardeur. Elle ne pardonne
au mérite, que lorfqu'elle eft

trompée par ſa malignité même, & qu'elle croit y remarquer des défauts qui lui ſervent de pâture. Elle ſe con-
ſole en croyant rabaiſſer d'un
côté ce qu'elle eſt forcée d'admirer d'un autre; elle cherche
moins à détruire ce qu'elle ſe
flatte d'outrager.

Une ſorte d'indifférence ſur
ſon propre mérite eſt le plus
ſûr appui de la réputation; on
ne doit pas affecter d'ouvrir
les yeux de ceux que la lumiére éblouit. La modeſtie eſt le
ſeul éclat qu'il ſoit permis d'a-
jouter à la gloire.

Si l'artifice eſt un moyen
honteux pour la réputation, il
y a un art, & même un art hon-

nête qui naît de la prudence, de la sagesse, & qui n'est pas à dédaigner. Les gens d'esprit ont plus d'avantages que les autres, non-seulement pour la gloire, mais encore pour acquérir & mériter la réputation de vertu. Une intelligence fine aussi contraire à la fausseté qu'à l'imprudence, un discernement prompt & sûr fait qu'on place les bienfaits avec choix, qu'on parle, qu'on se tait & qu'on agit à propos. Il n'y a personne qui n'ait quelquefois occasion de faire une action honnête, courageuse & toutefois sans danger. Le sot la laisse passer, faute de l'appercevoir; l'homme d'esprit la sent

& la faifit. L'expérience prouve que l'efprit feul n'y fuffit pas,
& qu'il faut encore un cœur
noble.

J'ai vû de ces fuccès brillans, & je fuis perfuadé que celui même qui étoit comblé
d'éloges fentoit combien il lui
en avoit peu coûté pour les obtenir , mais il n'en étoit pas
moins louable.

J'en ai remarqué d'autres
qui avec de la bienfaifance
dans le cœur, avec les actes de
vertu les plus fréquens , faute
d'intelligence & d'*àpropos* ,
n'étoient pas à beaucoup près
auffi eftimés qu'eftimables.
Leur mérite ne faifoit point de
fenfation ; à peine le foupçon-

noit-on. Il est vrai que si par un heureux hasard le mérite simple & uni vient à être remarqué, il acquiert l'éclat le plus subit. On le loue avec complaisance, on voudroit encore l'augmenter; l'envie même y applaudit sans sortir de son caractére, elle en tire parti pour en humilier d'autres.

Si les réputations se forment & se détruisent avec facilité, il n'est pas étonnant qu'elles varient, & soient souvent contradictoires dans la même personne. Tel a une réputation dans un lieu, qui dans un autre en a une toute différente : il a celle qu'il mérite le moins, & on lui refuse celle où il a le plus de droit. On en voit des exemples dans tous les ordres. Je ne puis me dispenser d'entrer ici dans quelques détails qui rendront les principes plus sensibles par l'application que j'en vais faire.

Un homme est taxé d'avarice, parce qu'il méprise le faste, & se refuse le superflu, pour fournir le nécessaire à des malheureux ignorés. On loue la générosité d'un autre qui répand avec ostentation ce qu'il ravit avec artifice ou violence; il fait des présens & refuse le payement de ses dettes : on admire sa magnificence, quand il est à la fois victime du faste & de l'avarice.

On blâme l'infolence d'un homme qui ne fléchit pas avec baffeffe fous une autorité ufurpée : on reproche l'emportement à un autre, parce qu'il n'a pas porté la patience jufqu'à l'aviliffement. Comme elle a fes bornes, les gens naturellement doux finiffent fouvent par avoir tort mal-à-propos, quand la mefure eft comble. On ne fauroit croire combien il importe, pour le bien de la paix, de ne fe pas laiffer trop vexer, à moins que l'on ne confente à être avili.

On vante au contraire la douceur d'un homme entier, opiniâtre par caractére, & poli par orgueil.

Une femme eft deshonorée,
parce qu'elle a confacré fa faute par l'éclat de fa douleur &
de fa honte ; tandis qu'une autre fe met à couvert de tout
reproche par l'excès de fon impudence : celle-ci n'eft pas même l'objet d'un mépris fecret.
Les hommes haïffent ce qu'ils
n'oferoient punir ; mais ils ne
méprifent que ce qu'ils ofent
blâmer hautement. Leurs actions déterminent plus leurs
jugemens, que leurs jugemens
ne reglent leurs actions.

Si l'on paffe des fimples
particuliers à ceux qui paroif-
fant fur un théatre plus éclairé,
font à portée d'être mieux connus , on verra qu'on n'en

juge pas avec plus de justice.

Un Ministre est taxé de dureté, parce qu'il est juste, qu'il rejette des sollicitations payées, & refuse de se prêter à ce que les Courtisans appellent *des affaires* : commerce injurieux au mérite, scandaleux pour le public, avilissant pour l'autorité, & dangereux pour l'Etat.

Un Prince passe pour sévére, parce qu'il aime mieux prévenir les fautes, que d'être obligé de les punir; de cruauté, parce qu'il réprime les tyrannies subalternes, de toutes les plus odieuses. Les loix cruelles contre les oppresseurs sont les plus douces pour la

ciété ; mais l'intérêt particulier se fait toujours le législateur de l'ordre public.

Louis XII, un des meilleurs,
& par conséquent des plus
grands Rois que la France ait
eu, fut accusé d'avarice, parce qu'il ne fouloit pas les Peuples, pour enrichir des Favoris
sans mérite. Le Peuple doit
être le Favori d'un Roi ; & les
Princes n'ont droit au superflu,
que lorsque les Peuples ont le
nécessaire. Les reproches qu'on
osoit lui faire ne prouvoient
que sa bonté. On porta l'insolence jusqu'à le jouer sur le
théatre. J'aime mieux, dit ce
Prince honnête homme , que
mon avarice les fasse rire, que si

elle les faiſoit pleurer. Les reproches des Courtiſans valent ſouvent des éloges ; & leurs éloges ſont des piéges.

A l'égard des réputations de probité , il eſt étonnant qu'il y en ait ſi peu d'établies, attendu la facilité avec laquelle on l'uſurpe quelquefois. On ne voyoit jadis que des hypo-
crites de vertu ; on trouve au-
jourd'hui des hypocrites de vi-
ce. Des gens ayant remarqué qu'une vertu auſtére n'eſt pas toujours exempte d'un peu de dureté , parce qu'on eſt moins circonſpect quand on eſt irréprochable , & qu'on s'obſerve moins quand on ne craint pas de ſe trahir ; ces gens tirent

parti de leur férocité naturelle, & souvent la portent à l'excès, pour établir la sévérité de leur vertu : leurs déclamations contre l'impudence font des preuves continuelles de la leur. Qu'il y a de ces gens dont la dureté fait toute la vertu ! L'étourderie eſt encore une preuve très-équivoque de la franchiſe ; on ne devroit ſe fier qu'à l'étourderie de ceux à qui elle eſt ſouvent préjudiciable.

La dureté & l'étourderie font des défauts de caractére qui n'excluent pas abſolument, & ſuppoſent encore moins la vertu, mais qui la gâtent quand ils s'y trouvent unis. Cependant combien de fois a-t-on été trompé par cet extérieur ?

Si l'on souscrit légérement
à certaines réputations de probité, on en flétrit souvent avec
une témérité encore plus blâmable , par passion, par intérêt. On abuse du malheur d'un
homme pour attaquer sa probité. On s'éléve contre la ré-
putation des autres , uniquement pour donner opinion de
sa vertu.

·Si un homme a le courage
de défendre une réputation
qu'il croit injustement atta-
quée, on ne lui fait pas toujours
l'honneur de le regarder comme une dupe, ce soupçon seroit
trop ridicule ; on suppose qu'il
a intérêt de soutenir une thèse
extraordinaire. Qu'on se soit

visiblement,

viſiblement trompé en jugeant défavorablement, on n'eſt ſuſpeĉt que d'un excès de ſagacité ; mais ſi c'eſt en jugeant trop favorablement, c'eſt le comble de l'imbécillité : cependant l'erreur eſt la même, & le caraĉtére eſt très-différent.

Ces faux jugemens ne partent pas toujours de la malignité. Les hommes font beaucoup d'injuſtices ſans méchanceté, par légéreté, précipitation, ſotiſe, témérité, imprudence. Les déciſions haſardées avec le plus de confiance font le plus d'impreſſion.

Eh ! qui ſont ceux qui jouiſſent du droit de prononcer ? Des gens qui à force de braver le mépris, viennent à bout de se faire respecter, & de donner le ton ; qui n'ont que des opinions & jamais de sentimens, qui en changent, les quittent & les reprennent, sans le savoir, ni s'en douter, ou qui sont opiniâtres sans être constans.

Voilà cependant les Juges des réputations ; voilà ceux dont on méprise le sentiment, & dont on recherche le suffrage ; ceux qui procurent la considération, sans en avoir eux-mêmes aucune.

La considération est différente de la célébrité. La réputation, la renommée même ne la donnent pas toujours, &

l'on peut en avoir sans impofer par un grand éclat.

La confidération eft un fentiment d'eftime mêlé d'une forte de refpect perfonnel qu'un homme infpire en fa faveur. On en jouit également parmi fes inférieurs, fes égaux, & ceux qui font fupérieurs par le rang & par la naiffance. On peut dans un rang élevé, ou avec une naiffance illuftre, avec un efprit fupérieur, ou des talens diftingués ; on peut même avec de la vertu, fi elle eft feule & dénuée de tous les autres avantages, être fans confidération. On peut en avoir avec un efprit borné, ou malgré l'obfcurité de la naiſſance & de l'état.

La conſidération ne ſuit pas néceſſairement le grand homme ; l'homme de mérite y a déja un droit ; & l'homme de mérite eſt celui qui ayant toutes les qualités & tous les avantages de ſon état, ne les ternit par aucun endroit. Pour donner enfin une idée plus préciſe de la conſidération, on l'obtient par la réunion du mérite, de la décence & du reſpect pour ſoi-même.

L'*eſpéce*, terme nouveau, mais qui a un ſens juſte, eſt l'oppoſé de l'homme de conſidération. Il y en a de tous états. L'*eſpéce* eſt celui qui n'ayant pas le mérite de ſon état, ſe prête encore de lui-même à son aviliſſement perſonnel : il manque plus à ſoi qu'aux au- tres.

Si l'on acquiert la conſidé- ration, on l'uſurpe auſſi. Vous voyez des hommes dont on vante le mérite : ſi l'on veut examiner en quoi il conſiſte, on eſt étonné du vuide ; on trouve que tout ſe borne à un air, un ton d'importance & de ſuffiſance ; un peu d'imperti- nence n'y nuit pas, & quel- quefois le maintien ſuffit. Ils ſe ſont portés pour reſpectables, & on les reſpecte ; ſans quoi on n'iroit pas juſqu'à les eſti- mer.

On doit conclure de l'eſpéce d'analiſe que nous venons de faire, & de la diſcuſſion dans laquelle nous ſommes entrés, que la renommée eſt le prix des talens ſupérieurs, ſoutenus des grands efforts : que la réputation uſurpée par artifice n'eſt jamais ſûre, & devient quelquefois honteuſe ; que la plus honnête eſt toujours la plus utile, & que chacun peut aſpirer à la conſidération de ſon état.

CHAPITRE V.

Sur les grands Seigneurs.

APRE's avoir consideré des objets qui regardent les hommes en général, portons nos réfléxions sur quelques classes de la société, & commençons par les grands Seigneurs.

Grand Seigneur est un mot dont la réalité n'est plus que dans l'Histoire. Un grand Seigneur étoit un homme sujet par sa naissance, grand par lui-même, soumis aux loix, mais assez puissant pour n'ob ir que librement, ce qui en faisoit souvent un rébelle contre le Souverain, & un tyran pour les autres Sujets. Il n'y en a plus.

Le Peuple a pû gagner à l'abaissement des Seigneurs : ceux-ci ont encore plus perdu ; mais il est plus avantageux à l'Etat qu'ils ayent tout perdu, que s'ils avoient tout conservé.

Si l'on s'avisoit aujourd'hui de faire la liste de ceux à qui l'on donne, ou qui s'attribuent le titre de Seigneur, on ne seroit pas embarrassé de savoir par qui la commencer ; mais il seroit impossible de marquer précisément où elle doit finir. On arriveroit jusqu'à la Bourgeoisie, sans avoir distingué
une

une nuance de séparation. Tout ce qui va à Versâilles croit aller à la Cour, & en être.

La plupart de ceux qui passent pour des Seigneurs, ne le sont que dans l'opinion du Peuple qui les voit sans les approcher. Frappé de leur éclat extérieur, il les admire de loin, sans savoir qu'il n'a rien à en espérer, & qu'il n'en a guére plus à craindre. Le Peuple ignore que pour être ses maîtres par accident, ils sont obligés d'être ailleurs, comme il est lui-même à leur égard.

Plus élevés que puissans, un faste ruineux & presque nécessaire les met continuellement

N

dans le besoin des graces , &
hors d'état de soulager un honnête homme , quand ils en auroient la volonté. Il faudroit
pour cela qu'ils donnassent des
bornes au luxe , & le luxe
n'en admet d'autres que l'im-
puissance de croître ; il n'y a
que les besoins qui se restrai-
gnent , pour aider au superflu.

A l'égard de la crainte qu'ils
peuvent inspirer , je sais combien on peut m'opposer d'e-
xemples contraires à mon sentiment ; mais c'est l'erreur où
l'on est à ce sujet qui les multiplie. Cette crainte s'éva-
nouiroit , si l'on faisoit attention que les grands & les petits ont le même Maître , qu'ils

font liés par les mêmes loix, & qu'elles font rarement fans effet, quand on les reclame hardiment ; mais ce courage n'eft pas ordinaire, & il en faut, plus pour anéantir une puiſſance imaginaire, que pour réſiſter à une puiſſance réelle.

Les hommes ont plus de timidité dans l'efprit que dans le cœur ; & les efclaves volontaires font plus de tyrans, que les tyrans ne font d'efclaves forcés.

C'eſt fans doute ce qui a fait diſtinguer le courage d'efprit, du courage de cœur ; diſtinction très-jufte, quoiqu'elle ne foit pas toujours bien fixée. Il me femble que le courage d'esprit consiste à voir les dangers, les périls, les maux & les malheurs précisément tels qu'ils sont, & par consé-quent les ressources. Les voir moindres qu'ils ne sont, c'est manquer de lumiéres ; les voir plus grands, c'est manquer de cœur : la timidité les exagére, & par-là les fait croître ; le courage aveugle les déguise & ne les affoiblit pas toujours ; l'un & l'autre mettent hors d'état d'en triompher.

Le courage d'esprit suppose & exige souvent celui du cœur : le courage de cœur n'a guére d'usage que dans les maux matériels, les dangers physiques, ou ceux qui y sont

relatifs. Le courage d'efprit a
fon application dans les circonftances les plus délicates de
la vie. On trouve aifément des
hommes qui affrontent les périls les plus évidens : on en
voit rarement qui fans fe laiffer abattre par un malheur, fa-
chent en tirer des moyens pour
un heureux fuccès. Combien
a-t-on vû d'hommes timides à
la Cour qui étoient des Héros
à la guerre ?

Pour revenir aux Grands,
ceux qui font les dépofitaires
de l'autorité ne font pas précifément ceux qu'on appelle des
Seigneurs. Ceux-ci font obligés d'avoir recours aux gens
en place, & en ont plus fou-

vent befoin que le Peuple, qui condamné à l'obfcurité, n'a ni l'occafion de demander, ni la prétention d'efpérer.

Ce n'eft pas qu'il n'y ait des Seigneurs qui ont du crédit, mais ils ne le doivent qu'à la confidération qu'ils fe font faite, à des fervices rendus, au befoin que l'Etat en a encore.

Mais les Grands qui ne font que Grands, n'ayant ni pouvoir ni crédit direct, cherchent à y participer par le manége, la foupleffe & l'intrigue, caractéres de la foibleffe. Les dignités enfin n'attirent guére que des refpects ; les places feules donnent le pouvoir.

Quelque frappantes que soient ces distinctions, il semble que ceux qui vivent à la Cour les sentent plus qu'ils ne les voient; leur conduite y est plus conforme que leurs idées; car ils n'ont pas besoin de réfléxion pour savoir à qui il leur importe de plaire. A l'égard du Peuple, il ne s'en doute seulement pas, & c'est un des plus grands avantages des Seigneurs : c'est par-là qu'ils en exigent, comme un tribut, tous les services qu'il leur rend avec soumission.

Ce n'est pas uniquement par timidité que leurs inférieurs hésitent à les presser sur des engagemens ; ils ne sont pas bien sûrs du droit qu'ils en ont : le faste d'un Seigneur en impose au malheureux même qui en a fait les frais ; il tombe dans le respect devant son ouvrage, comme le Sculpteur adora en tremblant le marbre dont il venoit de faire un Dieu.

Il est vrai que si ce Grand même tombe dans un malheur décidé, le Peuple devient son plus cruel persécuteur. Son respect étoit une adoration, son mépris ressemble à l'impiété ; l'idole n'étoit que renversée, le Peuple la réduit en poudre.

Les Grands font si persuadés de la considération que le

faſte leur donne, aux yeux même de leurs pareils, qu'ils font tout pour le ſoutenir. Un homme de la Cour eſt avili auſſi-tôt qu'il eſt ruiné ; & ce-la eſt au point que celui qui ſe maintient par des reſſources criminelles, eſt encore plus conſideré que celui qui a l'ame aſſez noble pour ſe faire une juſtice ſévére ; mais auſſi lorſ-qu'on ſuccombe après avoir épuiſé les reſſources les plus injuſtes, c'eſt le comble de l'aviliſſement, parce qu'il n'y a de vice bien reconnu que ce-lui qui eſt joint au malheur.

CHAPITRE VI,

Sur le Crédit.

CE que je viens de dire sur les Grands, me donne occasion d'examiner ce que c'est que le crédit, sa nature, ses principes & ses effets.

Le crédit est l'usage de la puissance d'autrui, & il est plus ou moins grand à proportion que cet usage est plus ou moins fort, & plus ou moins fréquent. Le crédit marque donc une sorte d'infériorité, du moins relativement à la puissance qu'on employe, quelque supériorité qu'on eût à d'autres égards.

Cela est si vrai, qu'en parlant de crédit, on vante celui d'un simple Particulier auprès d'un Grand, celui d'un Grand auprès d'un Ministre, & celui du Ministre auprès du Souverain ; & sans que l'esprit y fasse attention, l'idée qu'il a du crédit est si juste, qu'il n'y a personne qui ne trouvât ridicule d'entendre parler du crédit d'un Souverain, à moins qu'on ne parlât de celui qu'il auroit dans l'Europe parmi les autres Princes ses égaux, dont la réunion forme à son égard une espéce de supériorité.

Un Prince avec une puissance bornée peut avoir plus de crédit dans l'Europe qu'un Roi très-grand par lui-même & abſolu chez lui. La puiſſance de celui-ci pourroit ſeule être un obſtacle à ce crédit. Il n'y a point de ſiécle qui n'en ait fourni des exemples, & l'on a vû quelquefois des Particuliers l'emporter à cet égard ſur des Souverains.

Je n'entrerai pas là-deſſus dans un détail étranger à mon ſujet ; je ne veux conſiderer que ce qui a rapport à des Par-ticuliers.

Le crédit eſt donc la rela-tion du beſoin à la puiſſance, ſoit qu'on la reclame pour ſoi, ou pour autrui ; avec la diſtinction, que d'obtenir un service pour autrui, c'est crédit; l'obtenir pour soi-même, c'est n'être que protégé.

Le crédit qui n'est pas extrêmement flatteur par sa nature, peut l'être par ses principes & par ses effets. Ses principes sont l'estime & la considération personnelles dont on jouit, l'inclination dont on est l'objet, l'intérêt qu'on présente, ou la crainte qu'on inspire.

Le crédit fondé sur l'estime est celui dont on devroit être le plus flatté, & il pourroit être regardé comme une justice rendue au mérite. Celui qu'on doit à l'inclination, moins honorable par lui-même, est ordinairement plus sûr que le premier. L'un & l'autre cédent presque toujours à l'espérance ou à la crainte, c'est-à-dire, à l'intérêt, puisque ce sont deux effets d'une même cause. Ainsi quand ces différens motifs sont en concurrence, il est aisé de juger quel est celui qui doit prévaloir.

Les deux premiers ne sont pas communément fort puissans. On n'accorde qu'à regret au mérite, cela ressemble trop à la justice, & l'amour propre est plus flatté d'accorder des graces. D'une autre part, l'inclination détermine moins qu'on ne s'imagine à obliger, quoiqu'elle y fasse trouver du plaisir; elle est souvent subordonnée à beaucoup d'autres motifs qui l'emportent sur celui de l'amitié, quoiqu'ils ne soient pas si honnêtes.

D'ailleurs les hommes en place ont peu d'amis, & ne s'en embarrassent guére. L'ambition & les affaires les occupent trop pour laisser dans leur cœur place à l'amitié, & celle qu'on a pour eux ressemble à un culte. Quand ils paroissent se livrer à leurs amis, ils ne cherchent qu'à se délasser par la dissipation. Ils deviennent des espéces d'enfans gâtés qui se laissent aimer sans reconnoiſſance, & qui s'irritent à la moindre contradiction à leurs volontés ou à leurs fantaiſies. Il faut convenir qu'ils ont ſouvent occaſion de connoître les hommes, d'apprendre à les eſtimer peu, & à ne pas compter ſur eux. Ils ſavent qu'ils ſont plus aſſiégés par intérêt, que recherchés par goût & par eſtime, même quand ils en ſont dignes. Ils voyent les manœuvres baſſes & criminelles que les concurrens employent auprès d'eux les uns contre les autres, & jugent s'ils doivent être fort ſenſibles à leur attachement. Quoique l'adulation les flatte, comme ſi elle étoit ſincére, le motif bas

ne

ne leur en échappe pas toujours, & ils ont l'expérience
de la défertion où leurs pareils
ont été dans leurs difgraces.
Un peu de défiance eft donc
pardonnable aux gens en place, & leur amitié doit être plus
éclairée que celle des autres.

Si le mérite & l'amitié donnent fi peu de part au crédit,
il ne fera plus qu'un tribut
payé à l'intérêt, un pur échange dont l'efpérance & la crainte décident & font la mon-
noie. On ne refufe guére ceux
qu'on peut obliger avec gloire,
& dont la reconnoiffance hc-
nore le bienfaicteur : cette
gloire eft l'intérêt qu'il en retire. On refufe encore moins

ceux dont on espére du retour, parce que cette espérance est un intérêt plus sensible à la plûpart des hommes ; & l'on accorde presque tout à ceux dont on craint le ressentiment, sur-tout si l'on peut cacher cette crainte sous le masque de la prévenance. Mais si l'on ne peut pas dissimuler son vrai motif, on prend facilement son parti. Il semble qu'on lise dans le cœur des hommes qu'ils approuveront intérieurement la conduite qu'ils auroient eux-mêmes.

La crainte qu'on dissimule le moins est celle qu'inspirent certaines gens à la Cour, dont on méprise l'état, mais que l'intimité domeſtique ou des circonſtances peuvent rendre dangereux. On a pour eux des ménagemens qui donnent à la crainte un air de prudence ; c'eſt pourquoi on n'en rougit point, parce qu'il ſemble que le caractére ne ſauroit être avili de ce qui fait honneur à l'eſprit. Les ſollicitations, les ſimples recommandations de ces ſortes de gens l'emportent ſouvent ſur celles des plus grands Seigneurs, & toujours ſur celles des amis, ſur-tout s'ils ſont anciens, car les nouveaux ont plus d'avantages. On fait tout pour ceux qu'on veut gagner ou achever d'engager, & rien pour ceux dont on eſt ſûr. Le privilége d'un ancien ami n'est guére que d'être refusé de pré-férence, & obligé d'approu-ver le refus, trop heureux si par un excès de confiance on lui fait part des motifs.

Tant de circonstances con-courent & se croisent quel-quefois dans les moindres gra-ces, qu'il seroit difficile de dire comment & par qui elles sont accordées. Il arrive de-là qu'on donne sans générosité, & qu'on reçoit sans reconnois-sance, parce qu'il est rare que le bienfait tombe sur le besoin, & encore plus rare qu'il le pré-vienne. On refuse durement le nécessaire, on accorde aisé-ment le superflu ; on offre les services, on refuſe les ſecours.

Les effets ou les motifs du crédit ſont l'intérêt, la conſidération, & la généroſité.

Ceux qui n'employent leur crédit que par intérêt, ne méritent pas même de paſſer pour avoir du crédit. Ce ne ſont plus que de vils protégés, dont l'aviliſſement rejaillit ſur les protecteurs. Une grace payée avilit celui qui la reçoit, & deshonore celui qui la fait.

Quand on ſe propoſe la conſidération pour objet, on employe communément ſon crédit pour le faire connoître & lui donner de l'éclat. La ſeule réputation d'en avoir eſt un des plus ſûrs moyens de l'affer-

mir, de l'étendre & même de
le procurer ; en tout cas elle
en eft un prix fi flatteur, que
bien des gens en facrifieroient
la réalité à l'apparence. Combien en voit-on qui font acca-
blés de follicitations fur une
fauffe réputation de crédit, &
qui fe gardent bien d'écarter
les importuns en les détrom-
pant ?

Cependant ceux qui en obligeant ne fe propofent qu'un
bien fi frivole, doivent être
perfuadés, quelque crédit qu'ils
ayent, qu'ils ne fauroient rendre autant de fervices, qu'ils
font de mécontens qui croyent
y avoir un droit privilégié.

Il ne feroit pas impoffible

qu’en ne s’occupant que du desir d’obliger, on se fît une réputation très-opposée, parce que le volume des bienfaits ne peut jamais chez les hommes égaler le volume des besoins. Il n’y a point de crédit qui ne soit au-dessous de la réputation qu’il procure. Les moindres preuves de crédit multiplient les demandes. Un homme qui a rendu plusieurs services par générosité, peut être regardé comme désobligeant, parce qu’il n’est pas en état de rendre tous ceux qu’on exige de lui. C’est par cette raison que les gens en place ne sauroient employer trop d’humanité pour adoucir les refus nécessaires.

On pourroit penſer que la
reconnoiſſance de ceux qu'ils
obligent, doit les conſoler de
l'injuſtice de ceux qu'ils refu-
ſent ; mais il n'eſt que trop ordinaire de voir des gens demander les graces avec ardeur,
& ſouvent avec baſſeſſe, les
recevoir comme une juſtice,
avec froideur, & tâcher de
perſuader qu'ils n'avoient pas
fait la moindre démarche,
& qu'on a prévenu leurs de-
ſirs. Cette conduite n'eſt ſûre-
ment pas l'effet d'une reconnoiſſance délicate qui veut
laiſſer au bienfaicteur la gloire
d'une juſtice éclairée.

Il s'en faut bien que je veuille
dégoûter les bienfaicteurs ; je

veux

veux au contraire prévenir leurs dégoûts, en leur inspirant un sentiment noble, désintéressé, & dont le succès est toujours sûr ; c'est de n'obliger que par générosité, de ne chercher en obligeant que le plaisir d'obliger ; salaire infaillible & que l'ingratitude des hommes ne sauroit ravir. Mais si les bienfaicteurs sont sensibles à la reconnoissance, que leurs bienfaits cherchent le mérite, parce qu'il n'y a que le mérite de reconnoissant.

CHAPITRE VII.

Sur les gens à la mode.

DE tous les Peuples, le François est celui dont le caractére a dans tous les temps éprouvé le moins d'altération ; on retrouve les François d'aujourd'hui dans ceux des Croisades, & en remontant jusqu'aux Gaulois on y remarque encore beaucoup de ressemblance. Cette Nation a toujours été vive, gaie, généreuse, brave, sincére, présomptueuse, inconstante, avantageuse & inconsiderée. Ses vertus partent du cœur, ses vices ne tiennent qu'à l'esprit, & ses bonnes qualités corrigeant ou balançant les mauvaises, toutes concourent peut-être également à rendre le François de tous les hommes le plus sociable. C'est-là son caractére propre, & c'en est un très-estimable ; mais je crains que depuis quelque temps on n'en ait abusé ; on ne s'est pas contenté d'être sociable, on a voulu être aimable, & je crois qu'on a pris l'abus pour la perfection. Ceci a besoin de preuves, c'est-à-dire d'explication.

Les qualités propres à la Société sont la politesse sans fausseté, la franchise sans rudesse, la prévenance sans basseſſe , la complaiſance ſans flatterie , les égards ſans contrainte , & ſur-tout le cœur porté à la bienfaiſance ; ainſi l'homme ſociable eſt le Citoyen par excellence.

L'homme aimable, du moins celui à qui l'on donne aujourd'hui ce titre , eſt fort indifférent ſur le bien public , ardent à plaire à toutes les Sociétés où ſon goût & le haſard le jettent, & prêt à en ſacrifier chaque particulier. Il n'aime perſonne, n'eſt aimé de qui que ce ſoit , plaît à tous, & ſouvent eſt mépriſé & recherché par les mêmes gens.

Par un contraſte aſſez biſarre, toujours occupé des autres, il n'eſt ſatisfait que de lui, & n'attend ſon bonheur que de leur opinion , ſans ſonger préciſément à leur eſtime qu'il ſuppoſe apparemment, ou dont il ignore la nature. Le deſir immodéré d'amuſer l'engage à immoler l'abſent qu'il eſtime le plus, à la malignité de ceux dont il fait le moins de cas, mais qui l'écoutent. Auſſi frivole que dangereux, il met preſque de bonne foi la médiſance & la calomnie au rang des amuſemens, ſans ſoupçonner qu'elles ayent d'autres effets ; & ce qu'il y a d'heureux & de plus honteux dans les mœurs , le jugement qu'il en porte ſe trouve quelquefois juſte.

Les liaisons particulieres de l'homme sociable font des liens qui l'attachent de plus en plus à l'Etat ; celles de l'homme aimable ne font que de nouvelles diffipations qui retranchent d'autant les devoirs effentiels. L'homme sociable infpire le defir de vivre avec lui ; on n'aime qu'à rencontrer l'homme aimable. Tel eft enfin dans ce caractére l'affemblage de vices, de frivolités & d'inconvéniens, que l'homme aimable eft fouvent l'homme le moins digne d'être aimé.

Cependant l'ambition de parvenir à cette réputation devient de jour en jour une efpéce de maladie épidémique : Eh !

comment ne seroit-on pas flatté
d'un titre qui éclipse la vertu
& fait pardonner le vice! Qu'un
homme soit deshonoré au point
qu'on en fasse des reproches à
ceux qui vivent avec lui , ils
conviennent de tout ; ce n'est
pas en essayant de le justifier
qu'ils se défendent eux-mêmes:
tout cela est vrai, vous dit-on ,
mais il est fort aimable. Il faut
que cette raison soit bonne ,
ou bien généralement admise,
car on n'y réplique pas. L'homme le plus dangereux dans nos
mœurs est celui qui est vicieux
avec de la gaieté & des graces ;
il n'y a rien que cela ne fasse
passer , & n'empêche d'être
odieux.

P iiij

Qu'arrive-t-il de-là ? Tout le monde veut être aimable , & ne s'embarraſſe pas d'être autre choſe ; on y ſacrifie ſes devoirs, & je dirois la conſidération, ſi on la perdoit par là. Un des plus malheureux effets de cette manie futile eſt le mépris de ſon état, le dédain de la profeſſion dont on eſt comptable , & dans laquelle on devroit toujours chercher ſa premiere gloire.

Le Magiſtrat regarde l'étude & le travail comme des ſoins obſcurs qui ne conviennent qu'à des hommes qui ne ſont pas faits pour le monde. Il voit que ceux qui ſe livrent à leurs devoirs ne ſont connus que par haſard de ceux qui en ont un besoin passager ; desorte qu'il n'est pas rare de voir de ces Magistrats aimables, qui dans les affaires d'éclat sont moins des Juges, que des solliciteurs qui recommandent à leurs Confreres les intérêts des gens connus.

Le Militaire d'une certaine classe croit que l'application au service doit être le partage des subalternes ; ainsi les grades ne seroient plus que des distinctions de rang, & non pas des emplois qui exigent des fonctions.

L'homme de Lettres qui par des ouvrages travaillés auroit pû instruire son siécle, & faire passer son nom à la postérité, neglige ſes talens & les perd faute de les cultiver : il auroit été compté parmi les hommes illuſtres , il reſte un homme d'eſprit de Société.

L'ambition même , cette paſſion toujours ſi ardente & autrefois ſi active , ne va plus à la fortune que par le manége & l'art de plaire. Les principes de l'ambitieux n'étoient pas autrefois plus juſtes qu'ils le ſont aujourd'hui , ſes motifs plus louables , ſes démarches plus innocentes; mais ſes travaux pouvoient être utiles à l'Etat , & quelquefois inſpirer l'émulation à la vertu.

On dira ſans doute que la Société eſt devenue, par le deſir

d'y être aimable , plus déli-
cieuſe qu'elle ne l'avoit jamais
été ; cela peut être , mais il eſt
certain que ce qu'elle a gagné ,
l'Etat l'a perdu , & cet échange n'eſt pas un avantage.

Que feroit-ce ſi la contagion venoit à gagner toutes les
autres profeſſions ? Et on peut
le craindre , quand on voit
qu'elle a percé dans un ordre
uniquement deſtiné à l'édifi-
cation , & pour lequel les qualités aimables de nos jours auroient été jadis pour le moins
indécentes.

Les qualités aimables étant
pour la plûpart fondées ſur des
choſes frivoles , l'eſtime que
nous en faiſons nous accou-

tume insensiblement à l'indifférence pour celles qui devroient nous intéresser le plus. Il semble que ce qui touche le bien public nous soit étranger.

Qu'un grand Capitaine, qu'un homme d'Etat ayent rendu les plus grands services ; avant que de hasarder notre estime, nous demandons s'ils sont aimables, quels sont leurs agrémens, quoiqu'il y en ait peut-être qu'il ne sied pas toujours à un grand homme d'avoir à un degré supérieur.

Toute question importante, tout raisonnement suivi, tout sentiment raisonnable sont exclus des sociétés brillantes, &

sortent du *bon ton*. Il y a peu de temps que cette expression est inventée, & elle est déja triviale, sans en être mieux éclaircie : je vais dire ce que j'en pense.

Le bon ton dans ceux qui ont le plus d'esprit consiste à dire agréablement des riens, à ne se pas permettre le moindre propos sensé, si l'on ne le fait excuser par les graces du discours, à voiler enfin la raison quand on est obligé de la produire, avec autant de soin que la pudeur en exigeoit autrefois, quand il s'agissoit d'exprimer quelque idée libre. L'agrément est devenu si né-cessaire, que la médisance mê-

me cesseroit de plaire, si elle
en étoit dépourvue. Il ne suffit
pas de nuire, il faut sur-tout
amuser; sans quoi le discours
le plus méchant retombe plus
sur son auteur que sur celui qui
en est le sujet.

Ce prétendu bon ton qui
n'est qu'un abus de l'esprit, ne
laisse pas que d'en exiger beaucoup; ainsi il devient dans les
sots un jargon inintelligible
pour eux-mêmes; & comme
les sots font le grand nombre,
ce jargon a prévalu. C'est ce
qu'on appelle le *Persiflage*,
amas fatiguant de paroles sans
idées, volubilité de propos qui
font rire les foux, scandalisent
la raison, déconcertent les

gens honnêtes ou timides , & rendent la société insupportable.

Ce mauvais genre est quelquefois moins extravagant , & alors il n'en est que plus dangereux. C'est lorsqu'on immole quelqu'un , sans qu'il s'en doute , à la malignité d'une assemblée, en le rendant tout à la fois instrument & victime de la plaisanterie commune, par les choses qu'on lui suggere, & les aveux ingenus qu'on en tire.

Les premiers essais de cette sorte d'esprit ont dû naturellement réussir ; & comme les inventions nouvelles vont toujours en se perfectionnant , c'eſt-à-dire en augmentant de dépravation, quand le principe en eſt vicieux, la méchanceté ſe trouve aujourd'hui l'ame de certaines ſociétés, & a ceſſé d'être odieuſe, ſans même perdre ſon nom.

La méchanceté n'eſt aujourd'hui qu'une mode. Les plus éminentes qualités n'auroient pû jadis la faire pardonner, parce qu'elles ne peuvent jamais rendre autant à la ſociété que la méchanceté lui fait perdre, puiſqu'elle en ſappe les fondemens, & qu'elle eſt par-là, ſinon l'aſſemblage, du moins le réſultat des vices. Aujourd'hui la méchanceté eſt réduite en art, elle tient lieu

de

de mérite à ceux qui n'en ont point d'autre , & souvent leur donne de la considération.

Voilà ce qui produit cette foule de petits méchans subalternes, & imitateurs de caustiques fades , parmi lesquels il s'en trouve de si innocens; leur caractére y est si opposé, ils auroient été de si bonnes gens, en suivant leur cœur , que je suis quelquefois tenté d'en avoir compassion, tant le mal leur coûte à faire. Aussi en voit-on qui abandonnent leur rolle comme trop pénible ; d'autres persistent flattés & corrompus par les progrès qu'ils ont faits. Les seuls qui ayent gagné à ce travers de mode, font ceux qui nés avec le cœur dépravé, l'imagination déreglée, l'efprit faux, borné & fans principes, méprifans la vertu, & incapables de remords, ont le plaifir de fe voir les Héros d'une fociété dont ils devroient être l'horreur.

Un fpectacle affez curieux eft de voir la fubordination qui regne entre ceux qui forment ces fortes d'affociations. Il n'y a point d'état où elle foit mieux réglée. Ils fe fignalent ordinairement fur les Etrangers que le hafard leur adreffe, comme on facrifioit autrefois dans quelques contrées ceux que leur mauvais fort y faifoit

aborder. Mais lorſque les victimes nouvelles leur man-
quent, c'eſt alors que la guerre
civile commence. Le chef con-
ſerve ſon empire, en immolant
alternativement ſes ſujets les
uns aux autres. Celui qui eſt
la victime de jour, eſt impi-
toyablement accablé par tous
les autres qui ſont charmés
d'écarter l'orage de deſſus eux ;
la cruauté eſt ſouvent l'effet
de la crainte. Les ſubalternes
s'eſſaient cependant les uns
contre les autres ; on cherche
à ne ſe lancer que des traits
fins ; on voudroit qu'ils fuſſent
piquans ſans être groſſiers ;
mais comme l'eſprit n'eſt pas
toujours auſſi léger, que l'a-

mour propre est sensible, on en vient souvent à se dire des choses si outrageantes, qu'il n'y a que l'expérience qui empêche d'en craindre les suites. Si l'on pouvoit cependant imaginer quelque tempérament honnête entre le caractére ombrageux & l'avilissement volontaire, on ne vivroit pas avec moins d'agrément, & l'on auroit plus d'union & d'égards réciproques.

Les choses étant sur le pied où elles sont, l'homme le plus piqué n'a pas le droit de rien prendre au sérieux. On ne se donne pour ainsi dire que des cartels d'esprit; il faudroit s'avouer vaincu, pour recourir à d'autres armes, & la gloire de l'esprit est le point d'honneur d'aujourd'hui.

On est cependant toujours étonné que de pareilles sociétés ne se désunissent point par la crainte, le mépris, l'indignation ou l'ennui. Il faut espérer qu'à force d'excès, elles finiront par faire prendre la méchanceté en ridicule, & c'est l'unique moyen de la détruire. On remarque que la raison froide est la seule chose qui leur impose, & quelquefois les déconcerte.

On croiroit que l'habitude d'offenser rendroit ceux qui l'ont contractée incapables de se plier aux moyens de travailler à leur fortune. Point du tout, il vaut mieux inspirer la crainte que l'estime. D'ailleurs les faux singuliers, soit caustiques, méchans ou misantropes, réussissent parfaitement auprès de ceux dont ils ont besoin. La réputation qu'ils se sont fabriquée donne un très-grand poids à leurs prévenances ; ils descendent plus facilement qu'on ne croit à la flatterie basse. Celui qui en est l'objet ne doute pas qu'il n'ait un mérite bien décidé, puisqu'il force de tels caractéres à un stile qui leur est si étranger. L'adulation fade & outrée est la plus sûre de plaire : une louange fine & délicate fait honneur à celui qui la donne ; un éloge exagéré fait plaisir à celui qui le reçoit. Il prend l'exagération pour l'expression propre, & pense que les grandes vérités ne peuvent pas se dire avec finesse.

Il faut convenir que les sociétés dont je parle sont rares ; il n'y a que la parfaitement bonne compagnie qui le soit davantage, & celle-ci n'est peut-être qu'une belle chimere dont on approche plus ou moins. Elle ressemble assez à une République dispersée, on en trouve des membres dans toutes sortes de classes, il est très-difficile de les réunir en un corps. Il n'y a cependant personne qui n'en reclame le titre pour sa société : c'est un mot de raliment. Je remarque seulément qu'il n'y a personne aussi qui ne croye qu'elle peut se trouver dans un ordre supérieur au sien , & jamais dans une classe inférieure. La haute Magistrature la suppose à la Cour comme chez elle ; mais elle ne la croit pas dans une certaine Bourgeoisie , qui à son tour a des nuances d'orgueil.

Pour l'homme de la Cour, sans vouloir entrer dans aucune composition sur cet article, il croit fermement que la bonne compagnie n'existe que parmi les gens de sa sorte. Il est

est vrai qu'à esprit égal ils ont un avantage sur le commun des hommes, c'est de s'exprimer en meilleurs termes, & avec des tours plus agréables. Le sot de la Cour dit ses sotises plus élégamment que le sot de la Ville ne dit les siennes. Dans un homme obscur c'est une preuve d'esprit, ou du moins d'éducation, que de s'exprimer bien. Pour l'homme de la Cour c'est une nécessité; il n'employe pas de mauvaises expressions, parce qu'il n'en sait point. Un homme de la Cour qui parleroit bassement, me paroîtroit presque avoir le mérite d'un Savant dans les Langues Etrangeres. En effet,

R

tous les talens dépendent des facultés naturelles, & sur-tout de l'exercice qu'on en fait. Le talent de la parole, ou plutôt de la conversation, doit donc se perfectionner à la Cour plus que par tout ailleurs, puisqu'on est destiné à y parler, & réduit à n'y rien dire : ainsi les tours se multiplient, & les idées se rétrecissent. Je n'ai pas besoin, je crois, d'avertir que je ne parle ici que de ces Courtisans oisifs à qui Versailles est nécessaire, & qui y sont inutiles.

Il résulte de ce que j'ai dit, que les gens d'esprit de la Cour, quand ils ont les qualités du cœur, sont les hom-

mes dont le commerce eſt le
plus aimable ; mais de telles
ſociétés ſont rares. Le jeu ſert
à ſoulager les gens du monde
du pénible fardeau de leur
exiſtence , & les talens qu'ils
appellent quelquefois à leur
ſecours en cherchant le plaiſir
prouvent le vuide de leur ame,
& ne le rempliſſent pas. Ces
remédes ſont inutiles à ceux
que le goût, la confiance & la
liberté réuniſſent.

Les gens du monde ſeroient
ſans doute fort ſurpris qu'on
leur préférât ſouvent certaines
ſociétés bourgeoiſes , où l'on
trouve ſinon un plaiſir délicat,
du moins une joie contagieuſe,
ſouvent un peu de rudeſſe;mais

on eſt trop heureux qu'il ne s'y
gliſſe pas une demie connoiſſance du monde qui ne ſeroit
qu'un ridicule de plus, encore
ne ſe feroit-il pas ſentir à ceux
qui l'auroient : ils ont le bonheur de ne connoître de ridicule que ce qui bleſſe la raiſon ou les mœurs :

A l'égard des ſociétés, ſi
l'on veut faire abſtraction de
quelques différences d'expreſſions, on trouvera que la claſſe
générale des gens du monde
& la bourgeoiſie ſe reſſemblent plus au fond qu'on ne le
ſuppoſe. Ce ſont les mêmes
tracaſſeries, le même vuide,
les mêmes miſéres. La peti-
teſſe dépend moins des objets

que des hommes qui les envi-
sagent. Quant au commerce
habituel, en général les gens
du monde ne valent pas mieux,
ne valent pas moins que la
bourgeoisie. Celle-ci ne gagne ou ne perd guére à les imiter. A l'exception du bas peuple qui n'a que des idées relatives à ses besoins, & qui en
est ordinairement privé sur
tout autre sujet, le reste des
hommes est par tout le même.
La bonne compagnie est in-
dépendante de l'état & du
rang, & ne se trouve que parmi ceux qui pensent & qui
sentent, qui ont les idées justes
& les sentimens honnêtes.

CHAPITRE VIII.

Sur le Ridicule , la Singularité & l'Affectation.

LE ridicule reſſemble à ces fantômes qui n'exiſtent que pour ceux qui y croyent. Plus un mot abſtrait eſt en uſage, moins l'idée en eſt fixe, parce que chacun l'étend , la reſtraint ou la change ; & l'on ne s'apperçoit de la différence des principes que par celle des conſéquences , ou par les différentes applications qu'on en fait. Si l'on vouloit définir les mots que l'on comprend le moins, il faudroit définir ceux dont on se sert le plus.

Le ridicule consiste à choquer les usages ou les opinions reçues, & communément on les confond assez avec la raison; cependant ce qui est contre la raison est sotise ou folie; si c'est contre l'équité, c'est crime.

Le ridicule ne doit donc avoir lieu que dans les choses indifférentes par elles-mêmes, & consacrées par la mode. Les habits, le langage, les maniéres, le maintien : voilà son ressort, voici son usurpation ; il l'étend jusque sur la vertu, & c'est le moyen que l'envie employe le plus sûrement pour en ternir l'éclat. Le ridicule est supérieur à la calomnie, qui peut se détruire en retombant sur son auteur. La malignité éclairée ne s'en fie pas même à la difformité du vice ; elle lui fait l'honneur de le traiter comme la vertu, en lui associant le ridicule pour le décrier ; il devient par-là moins odieux & plus méprisé. Le ridicule est devenu le poison de la vertu & des talens, & quelquefois le châtiment du vice.

Le ridicule est le fléau des gens du monde, & il est assez juste qu'ils ayent pour tyran un être fantastique. On sacrifie sa vie à son honneur, souvent son

honneur à sa fortune, & quelquefois sa fortune à la crainte
du ridicule.

Je ne suis pas étonné qu'on
ait quelque attention à ne pas
s'y exposer, puisqu'il est d'une
si grande importance dans l'esprit de plusieurs de ceux avec
qui l'on est obligé de vivre.
Mais on ne doit pas excuser
l'extrême sensibilité que des
hommes raisonnables ont sur
cet article. Cette crainte ex-
cessive a fait naître des essains
de petits donneurs de ridicules, qui décident de ceux qui
sont en vogue, comme les
Marchandes de Modes fixent
celles qui doivent avoir cours.
S'ils ne s'étoient pas emparé

de l'emploi de diſtribuer les ridicules, ils en ſeroient acca-
blés ; ils reſſemblent à ces criminels qui ſe font exécuteurs
pour ſauver leur vie.

La plus grande ſource de ces
êtres frivoles, & celle dont ils
ſe doutent le moins, eſt de s'i-
maginer que leur empire eſt
univerſel : s'ils ſavoient combien il eſt borné, la honte les
y feroit renoncer. Le Peuple
n'en connoît pas le nom, &
c'eſt tout ce que la Bourgeoiſie
en ſait. Parmi les gens du monde, ceux qui ſont occupés ne
ſont frappés que par diſtrac-
tion de ce petit peuple incommode : ceux mêmes qui en ont
été, & que la raiſon ou l'âge

en ont féparés, s'en fouvien-
nent à peine ; & les hommes
illuſtres feroient trop élevés
pour l'appercevoir, s'ils ne
daignoient pas quelquefois
s'en amufer.

Quoique l'empire du ridi-
cule ne foit pas auſſi étendu
que ceux qui l'exercent le fup-
pofent, il ne l'eſt encore que
trop parmi les gens du monde ;
& il eſt étonnant qu'un caraſté-
re auſſi léger que le nôtre fe
foit foumis à une fervitude dont
le premier effet foit de rendre le commerce uniforme,
languiſſant & ennuyeux.

La crainte puerile du ridicule étouffe les idées, rétrecit les
efprits, & les forme fur un feul

modéle , suggere les mêmes propos peu intéreſſans de leur nature, & faſtidieux par la répétition. Il ſemble qu'un ſeul reſſort imprime à différentes machines un mouvement égal & dans la même direction. Je ne vois que les ſots qui puiſſent gagner à un travers qui les met de niveau avec les hommes ſupérieurs , puiſqu'ils ſont tous également aſſujettis à une meſure commune où les plus bornés peuvent atteindre.

L'eſprit eſt preſque égal quand on eſt aſſervi au même ton, & ce ton eſt néceſſaire à ceux qui ſans cela n'en auroient point à eux; il reſſemble à ces livrées qu'on donne aux valets ; sans quoi ils ne seroient pas vêtus.

Avec ce ton de mode on peut être impunément un sot, & on regardera comme tel un homme de beaucoup d'esprit qui ne l'aura pas : il n'y a rien qu'on distingue moins de la sotise que l'ignorance des petits usages. Combien de fois a-t-on rougi à la Cour pour un homme qu'on y produisoit avec confiance, qu'on avoit admiré ailleurs, & qu'on avoit annoncé avec une bonne foi imprudente ; on ne s'étoit cependant pas trompé, mais on ne l'avoit jugé que d'après la raison, & on le confronte avec la mode.

Ce n'eſt pas aſſez que de ne pas s'expoſer au ridicule pour s'en affranchir, on en donne à ceux qui en méritent le moins, ſouvent aux perſonnes les plus reſpectables, ſi elles ſont aſſez timides pour le recevoir. Des gens mépriſables, mais hardis, & qui ſont au fait des mœurs regnantes, le repouſſent & l'anéantiſſent mieux que les autres.

Comme le ridicule n'ayant ſouvent rien de décidé, n'a d'exiſtence alors que dans l'opinion, il dépend en partie de la diſpoſition de celui à qui on veut le donner, & dans ce cas-là il a beſoin d'être accepté. On le fait échouer, non en le repouſſant avec force, mais en le recevant avec mépris ou in-différence, quelquefois en le recevant de bonne grace. Ce ſont les fléches des Méxiquains qui auroient pénétré le fer, & qui s'amortiſſoient contre des armures de laine.

Quand le ridicule eſt le mieux mérité, il y a encore un art de le rendre ſans effet, c'eſt d'outrer ce qui y a donné lieu. On humilie ſon adver-ſaire en dédaignant les coups qu'il veut porter.

D'ailleurs cette hardieſſe d'affronter le ridicule impoſe aux hommes ; & comme la plupart ne ſont pas capables de n'eſtimer les choſes que ce qu'elles valent, où leur mépris s'arrête leur admiration commence, & le singulier en est communément l'objet.

Par quelle bisarrerie la même chose à un certain degré rend-elle ridicule, & portée à l'excès donne-t-elle une sorte d'éclat ? Car tel est l'effet de la singularité marquée, soit que le principe en soit louable ou repréhensible.

Cela ne peut venir que du dégoût que cause l'uniformité de caractére qu'on trouve dans la société. On est si ennuyé de rencontrer les mêmes idées, les mêmes opinions, les mêmes maniéres ; & d'entendre les

mêmes

mêmes propos, qu'on fait un gré infini à celui qui suspend cet état létargique.

La singularité n'est pas précisément un caractére ; c'est une simple maniére d'être qui s'unit à tout autre caractére, & qui consiste à être soi, sans s'appercevoir qu'on soit différent des autres ; car si l'on vient à le reconnoître, la singularité s'évanouit ; c'est une énigme qui cesse de l'être aussi-tôt que le mot en est connu. Quand on s'est apperçu qu'on est différent des autres, & que cette différence n'est pas un mérite, on ne peut guére persister que dans l'affectation, & c'est alors petitesse ou orgueil, ce qui revient au même, & produit le dégoût; au lieu que la singularité naturelle met un certain piquant dans la société qui en ranime la langueur.

Les sots qui connoissent souvent ce qu'ils n'ont pas, & qui s'imaginent que ce n'est que faute de s'en être avisés, voyant le succès de la singularité, se font singuliers, & l'on sent ce que ce projet bisarre doit produire.

Au lieu de se borner à n'être rien, & qui leur convenoit si bien, ils veulent à toute force être quelque chose, & ils sont insupportables. Ayant remarqué, ou plutôt entendu dire que des génies reconnus ne sont pas toujours exempts d'un grain de folie, ils tâchent d'imaginer des folies, & ne sont que des sotises.

La fausse singularité n'est qu'une privation de caractére, qui consiste non-seulement à éviter d'être ce que sont les autres, mais à tâcher d'être uniquement ce qu'ils ne sont pas.

On voit de ces sociétés où les caractéres se font partagés comme on distribue des rolles. L'un se fait Philosophe, un autre plaisant, un troisiéme homme d'humeur. Tel se fait caustique qui penchoit d'abord à être complaisant, mais il a trouvé le rolle occupé. Quand on n'eſt rien, on a le choix de tout.

Il n'eſt pas étonnant que ces travers entrent dans la tête d'un ſot, mais on eſt étonné de les rencontrer avec de l'eſprit. Cela ſe remarque dans ceux qui nés avec plus de vanité que d'orgueil, croyent rendre leurs défauts brillans par la ſingularité en les outrant, plutôt que de s'appliquer à s'en corriger. Ils jouent leur propre caractére ; ils étudient alors la nature pour s'en écarter de plus en plus, & s'en former une particuliere ; ils ne veulent rien faire ni dire qui ne s'éloigne du ſimple ; & malheureuſement quand on cherche l'extraordinaire, on ne trouve que des platitudes. Les gens d'esprit même n'en ont jamais moins que lorsqu'ils tâchent d'en avoir.

On devroit sentir que le naturel qu'on cherche ne se trouve jamais, que l'effort produit l'excès, & que l'excès décele la fausseté du caractére. On veut jouer le brusque, & l'on devient féroce; le vif, & l'on n'est que pétulant & étourdi: la bonté jouée dégénere en politesse contrainte, & se trahit enfin par l'aigreur: la fausse sincérité n'est qu'offensante; & quand elle pourroit s'imiter quelque temps, parce qu'elle ne consiste que dans des actes passagers, on n'atteindroit jamais à la franchise qui en est le principe, & qui est une continuité de caractére. Elle est comme la probité ; plusieurs actes qui y sont conformes n'en font pas la démonstration, & un seul de contraire la détruit.

Enfin toute affectation finit par se déceler, & l'on retombe alors au-dessous de sa valeur réelle. Tel est regardé comme un sot après, & peut-être pour avoir été pris pour un génie. On ne se vange point à demi d'avoir été sa dupe.

Soyons donc ce que nous sommes, n'ajoutons rien à notre caractére ; tâchons seulement d'en retrancher ce qui

peut être incommode pour les
autres , & dangereux pour
nous-mêmes. Ayons le courage de nous fouſtraire à la ſervi-
tude de la mode , ſans paſſer
les bornes de la raiſon.

CHAPITRE IX.

Sur les Gens de Fortune.

IL y a deux sortes de conditions qui ont plus de relation avec la société, & sur-tout avec les gens du monde, qu'elles n'en avoient autrefois. Ce sont les Gens de Lettres & les Gens de Fortune, ce qui ne doit s'entendre que des plus distingués d'entr'eux, les uns par leur réputation ou leurs agrémens personnels, les autres par une opulence fastueuse : car dans tous les états il y a des chefs, un ordre mitoyen & du peuple.

Il n'y a pas encore long-
temps que les Financiers ne
voyoient dans les gens de condition que des protecteurs
qu'ils avoient quelquefois eu
pour maîtres. La plupart des
fortunes de finance du dernier
siécle n'étoient pas assez honnêtes pour en faire gloire, &
dès-là elles en devenoient plus
considérables ; les premiers
gains faisoient naître l'avarice,
l'avarice augmentoit l'avidité,
& ces passions sont ennemies
du faste. Une habitude d'éco-
nomie ne se relâche guére,
& suffit seule, sans génie
ni bonheur marqué, pour
tirer des richesses immenses
d'une médiocre fortune , &

T

d'un travail continuel.

S'il se trouvoit alors des gens d'affaires assez sensés pour vouloir jouir, ils l'étoient assez pour se borner aux commodités, aux plaisirs, à tous les avantages d'une opulence sourde ; ils évitoient un éclat qui ne pouvoit qu'exciter l'envie des Grands & la haine des Petits. Si l'on se contentoit de ce qui fait réellement plaisir, on passeroit pour modeste.

Ceux à qui les richesses ne donnent que de l'orgueil, parce qu'ils n'ont pas à se glorifier d'autre chose, ont toujours aimé à faire parade de leur fortune ; trop ennivrés de la jouissance pour rougir des moyens.

leur faste étoit jadis le comble de la folie, du mauvais goût & de l'indécence.

Cette oftentation d'opulence eft plus communément la manie de ces hommes nouveaux qu'un coup du fort a fubitement enrichis, que de ceux qui font parvenus par degrés. Il eft affez fingulier que les hommes tirent plus de vanité de leur bonheur que de leurs travaux. Ceux qui doivent tout à leur induftrie, favent combien ils ont évité, fait & réparé de fautes : ils jouiffent avec précaution, parce qu'ils ne peuvent pas s'exagerer les principes de leur fortune; au lieu que ceux qui fe

trouvent tout à coup des êtres
si différens d'eux-mêmes, se regardent comme des objets dignes de l'attention particuliere du sort. Ils ne savent à quoi l'attribuer; & cette obscurité de causes, on l'interpréte toujours à son avantage.

Telles sont les fortunes qu'on peut appeller ridicules; & qui l'étoient encore plus autrefois qu'aujourd'hui, par le contraste de la personne & du faste déplacé.

D'ailleurs la fortune de finance n'étoit guére alors qu'une loterie; au lieu qu'elle est devenue un art, une science qui a ses principes & sa méthode comme les autres, ou tout au moins un jeu mêlé d'adreſſe & de haſard. On pourroit preſque aſſigner le gain par la nature de l'affaire.

Pourquoi la finance ſeroit-elle mépriſée? L'Etat doit avoir des revenus; il faut qu'il y ait des Citoyens chargés de la perception, & qu'ils y trouvent des avantages, pourvû que ces avantages ſoient limités; ſans quoi ils deviennent ſcandaleux.

On ne doit s'élever que contre la véxation ou l'inſolence de ceux qui abuſent, & les punir avec éclat & ſévérité. C'eſt ainſi que dans toutes les conditions on devroit immoler à la vengeance publique ceux qui

T iij

font haïr l'autorité, par l'abus qu'ils en font, & qui en rendant les hommes malheureux par leurs excès, les corrompent par leurs exemples.

Il faut convenir que c'est moins à leurs véxations, qu'à l'insolence de quelques-uns d'entr'eux, que les Financiers doivent rapporter le décri où ils sont encore. Croit-on que cela dépende des injustices qui seront tombées sur des gens obscurs dont les plaintes sont étouffées, les malheurs ignorés, & qui ne seroient pas protegés par ceux qui crient vaguement à l'injustice, quand ils en seroient connus ? Dans les déclamations contre la finance, ce n'est ni la générosité ni la justice qui reclament, c'est l'envie qui poursuit le faste.

Voilà ce qui devroit inspirer aux gens riches, & qui n'étoient pas nés pour l'être, une modestie raisonnée. Ils ne sentent pas assez combien ceux qui sont les plus dignes de leur fortune ont encore besoin d'art pour se la faire pardonner.

Malheureusement les hommes veulent afficher leur bonheur ; ils devroient pourtant sentir qu'il est fort différent de la gloire, dont la publicité fait & augmente l'existence. Les malheureux sont déja assez humiliés par l'éclat seul de la prospérité : faut-il les outrager par l'affectation ?

Je ne suis pas étonné que le Peuple voye avec chagrin, & murmure des fortunes dont il fournit la substance, sans jamais les partager. Mais les gens de condition doivent les regarder comme des biens qui leur sont substitués, & destinés à remplacer un patrimoine qu'ils ont dissipé, souvent sans avantage pour l'Etat. Il y a peu de fortunes qui ne tombent dans quelques Maisons distinguées. Un homme de qualité vend un nom qu'il n'a pas eu la peine d'illustrer ; & sans le commerce qui s'est établi entre l'orgueil & la nécessité, la plupart des Maisons nobles tomberoient dans l'obscurité, & par conséquent dans la misére; les exemples n'en sont pas rares dans les Provinces. Au lieu que si les gens riches ne s'allioient qu'entr'eux, il faudroit nécessairement par la seule puissance des richesses qu'ils parvinssent eux-mêmes aux dignités qu'ils conservent dans des familles étrangeres: peut-être s'aviseront-ils un jour de ce secret là, à moins que les gens de la Cour ne s'avisent eux-mêmes d'entrer dans les affaires. Les premiers qui braveroient le préjugé pourroient avoir des scrupules; mais quand ils en ont, quel-

ques plaiſanteries les ſoula-
gent, & beaucoup d'argent les
diſſipe.

Cependant les gens de condition ont déja perdu le droit
de dédaigner la finance, puiſqu'il y en a peu qui n'y tiennent par le ſang.

C'étoit autrefois une eſpéce de bonté que de ne pas humilier les Financiers. Aujour-
d'hui qu'ils tiennent à tout, le
mépris pour eux ſeroit de la
part des gens de condition, injuſtice & ſotiſe. Il y en a tels
qui ne ſe font pas méſalliés,
parce que les gens de fortune
n'en ont pas fait aſſez de cas
pour les rechercher.

Tous ceux qui tirent vanité

de leur naiſſance, ne ſont pas toujours dignes de ſe méſallier. Il n'appartient pas à tout le monde de vendre ſon nom.

Si les raiſons de décence ne répriment pas la hauteur des gens de condition à l'égard de la Finance, celles d'intérêt les contiennent.

Les plaiſanteries ſur les Financiers en leur abſence marquent plus d'envie contre leur fortune que de mépris pour leurs perſonnes, puiſqu'on leur prodigue en face les égards, les prévenances & les éloges. Les gens de condition ſe flattent que cette conduite peut être regardée comme la marque d'une ſupériorité ſi

décidée, qu'elle peut s'huma-
niser sans risque; mais personne ne se trompe sur les vérita-
bles motifs. Quelquefois ils se
permettent avec les Financiers
ces petits accès d'une humeur
moderée, d'autant plus flat-
teuse pour l'inférieur, qu'elle
ressemble au procedé naïf de
l'égalité. Ceux qui jouent ce
rolle desireroient que les spec-
tateurs désintéressés le prissent
pour de la hauteur; mais il n'y
a pas moyen, parce que si leur
manége paroît produire un effet opposé à celui qu'ils en es-
peroient, on les voit s'adoucir
par degrés, & aller jusqu'à la
fadeur pour ramener un homme prêt à s'effaroucher. Ils se

tirent d'embarras par une forte
de plaifanterie qui fert à couvrir bien des baffeffes.

Si les gens riches viennent
enfin à fe croire fupérieurs aux
autres hommes, ont-ils fi grand
tort ? N'a-t-on pas pour eux les
mêmes égards, je dirai les mêmes refpects, que pour ceux
qui font dans les places auf-
quelles on les rend par devoir ? Les hommes ne peuvent
juger que fur l'extérieur. Sont-
ils donc ridiculement dupes,
parce que ceux qui les trompent font baffement & adroi-
tement perfides ?

Il y a peu de gens riches,
quelque efprit qu'ils ayent, &
quelque bien nés qu'ils foient,

à qui leur opulence ne donne dans des momens des accès d'une humeur impérieuse, & qui dans d'autres momens ne se sentent humiliés de n'être que riches, ou de n'être regardés que comme tels.

Cependant ils sont plus utiles à la société qu'ils ne l'étoient autrefois, & ils acquierent une supériorité réelle sur ceux à qui ils rendent service. Les vrais inférieurs sont ceux qui reçoivent, & l'humiliation s'y joint quand les services sont pécuniaires. C'est ce qui a fait mettre avec justice les mendians au-dessous des esclaves; ceux-ci ne sont que dans l'abaissement, & les autres dans la bassesse

Ainsi ceux qui font la cour aux Financiers font bas, plus bas encore s'ils en reçoivent, & s'ils les payent d'ingratitude : la basseſſe n'a plus de nom, & elle augmente à proportion de la naiſſance & de l'élévation des ingrats.

Pourquoi s'étonner de la conſidération que donnent les richeſſes ? Il eſt ſûr qu'elles ne font pas un mérite réel ; mais elles font le moyen de toutes les commodités, de tous les plaiſirs, & quelquefois du mé-rite même. Tout ce qui con-tribue, ou paſſe pour contri-buer au bonheur, ſera chéri des hommes. Il eſt difficile de ne pas identifier les riches & les

richeſſes. Les décorations extérieures ne font-elles pas la
même illuſion?

Si l'on veut par un examen
philoſophique dépouiller un
homme de tout l'éclat qui lui
eſt étranger, la raiſon en a le
droit; mais je vois que l'humeur l'exerce plus que la Philoſophie.

D'ailleurs pourquoi ne con-
ſidereroit-on pas ce qui eſt re-
préſentatif de tout ce que l'on
conſidere? Voilà préciſément
ce que les richeſſes ſont parmi
nous; il n'y a de différence que
de la cauſe à l'effet. La ſeule
choſe reſpectée, que les richeſſes ne peuvent donner, eſt une
naiſſance illuſtre; mais ſi elle

n'eſt

n'est pas soutenue par les places, les dignités ou la puissance ; si elle est seule enfin, elle
est éclipsée par tout ce que l'or
peut procurer. Voulons-nous
avoir le droit de mépriser
les richesses ? changeons nos
mœurs.

Il y a eu des lieux & des
temps où l'or étoit méprisé, &
le mérite seul honoré. Sparte
& Rome naissante nous en
fournissent des exemples. Mais
pour peu qu'on fasse attention
à la constitution & à l'esprit
de ces Républiques, on sentira
qu'on n'y devoit faire aucun
cas de l'or, puisqu'il n'y étoit
représentatif de rien. On ignoroit les commodités ; les vrais

V

befoins ne donnent pas l'idée
de celles que nous connoiffons;
l'imagination ne s'étoit pas encore exercée fur les plaifirs ;
ceux de la nature fuffifoient,
& les plus grands ne coûtent
pas cher ; le luxe étoit honteux, ainfi l'or étoit inutile &
méprifé. Ce mépris étoit à la
fois le principe & l'effet de la
modération & de l'auftérité. La
vie la plus pénible ceffe de gê-
ner les hommes, dès qu'elle eft
glorieufe ; & dans les ames
hautes, les grands facrifices ne
font pas toujours auffi cruels
qu'ils le paroiffent aux ames
vulgaires. Un certain fentiment de fierté & d'eftime pour
foi-même éleve l'ame & la rend

capable de tout. L'orgueil est le premier des tyrans ou des consolateurs.

Telle fut Lacédémone, telle fut Rome dans son berceau ; mais aussi-tôt que le vice & les plaisirs y eurent pénétré, tout, jusqu'aux choses qui doivent être le prix de la vertu, tout, dis-je, y fut vénal; l'or y fut donc recherché, nécessaire, estimé & honoré : voilà précisément l'état où nous nous trouvons par nos connoissances, nos goûts, nos besoins nouveaux, nos plaisirs, & nos commodités recherchées. Qu'on fasse revivre les anciennes mœurs de Rome ou de Sparte, peut-être n'en serons-

V ij

nous ni plus ni moins heureux ; mais l'or sera inutile.

Les hommes n'ont qu'un penchant décidé, c'est leur intérêt ; s'il est attaché à la vertu, ils sont vertueux sans effort ; que l'objet change, le disciple de la vertu devient l'esclave du vice, sans avoir changé de caractére : c'est avec les mêmes couleurs qu'on peint la beauté & les monstres.

Les mœurs d'un Peuple sont le principe actif de sa conduite, les loix n'en sont que le frein ; celles-ci n'ont donc pas sur lui le même empire que les mœurs. On suit les mœurs de son siécle, on obéit aux loix ; c'est l'autorité qui les fait & qui les abroge. Les mœurs d'une Nation lui font plus facrées & plus cheres que fes loix. Comme elle n'en connoît pas l'Auteur, elle les regarde comme fon ouvrage, & les prend toujours pour la raifon.

Cependant on ne fauroit croire avec quelle facilité un Prince changeroit chez certains Peuples les mœurs les plus dépravées, & les dirigeroit vers la vertu, pourvû que ce ne fût pas un projet annoncé. Une telle révolution paroîtroit le chef-d'œuvre des entreprifes; mais elle le feroit plus par fon effet que par fes difficultés. En attendant qu'el-

le arrive, & les choses étant
sur le pied où elles sont, ne
soyons pas étonnés que les richesses procurent de la considération. Cela sera honteux,
si l'on veut ; mais cela doit
être, parce que les hommes
sont plus conséquens dans leurs
mœurs que dans leurs jugemens.

On comprend ordinaire-
ment dans le monde parmi les
Financiers une autre classe de
gens riches, qui prétendent
avec raison devoir en être distingués. Ce sont les Commerçans, hommes estimables, nécessaires à l'Etat, qui ne s'en-
richissent qu'en procurant l'a-
bondance, en excitant une in-

duſtrie honorable, & dont les richeſſes prouvent les ſervices. On ne les rencontre pas dans la ſociété auſſi communément que les Financiers, parce que les affaires les occupent, & ne leur permettent pas de perdre un temps dont ils connoiſſent le prix, pour des amuſemens frivoles, dont le goût vient autant de l'habitude que de l'oiſiveté, & qui ſous le nom de plaiſirs cauſent l'ennui auſſi ſouvent qu'ils le diſſipent.

Les Commerçans ſont donc plus occupés que les Financiers. Quoique le Commerce ait ſa méthode comme la Finance, celle-ci ſe ſimplifie en s'éclaircissant, & tout l'art des fripons est de l'embrouiller. La science du Commerce est moins compliquée & plus combinée, moins obscure, mais plus étendue, & s'étend encore plus en se perfectionnant. L'application de ses principes exige une attention suivie, de nouveaux accidens demandent de nouvelles mesures, le travail est presque continuel; au lieu que la Finance plus bornée en elle-même ressemble assez à une machine qui n'a pas souvent besoin de la main de l'ouvrier, quand le mouvement est une fois imprimé; c'est une pendule qu'on ne remonte que rarement. Tous

Tous les préjugés d'état ne font pas également faux : l'eftime que les Commerçans font du leur eft d'accord avec la raifon ; ils ne font aucune entreprife, il ne leur arrive aucun avantage, que le Public ne le partage avec eux ; tout les autorife à eftimer leur profeffion. Les Commerçans font le premier reffort de l'abondance. La plupart des Financiers ne font que des canaux propres à la circulation de l'argent. Que ces canaux foient de bronze ou d'argile, la matiére en eft indifférente, l'ufage eft le même.

Les premiers s'honorent par la voie même qui les enrichit.

X

Les autres tendent au même but par l'usage qu'ils font de leurs richesses : c'est ce qui les a engagés à se produire dans le monde , où ils auroient été les seuls étrangers, si l'on n'y eût à peu près dans le même temps admis les Gens de Lettres.

CHAPITRE X.

Sur les Gens de Lettres.

AUTREFOIS les Gens de Lettres livrés à l'étude, & séparés du monde, en travaillant pour leurs contemporains, ne songeoient qu'à la postérité. Leurs mœurs pleines de candeur & de rudesse, n'avoient guére de rapport avec celles de la Société; & les gens du monde moins instruits qu'aujourd'hui, admiroient les ouvrages, ou plutôt le nom des Auteurs, & ne se croyoient pas trop capables de vivre avec eux. Il entroit même dans cet éloignement plus de confidération que de répugnance.

Le goût des Lettres, des Sciences & des Arts, a gagné infenfiblement, & il eft venu à un point, que ceux qui ne l'ont pas d'inclination l'affectent par air. On a donc recherché ceux qui les cultivent, & ils ont été attirés dans le monde à proportion de l'agrément qu'on a trouvé dans leur commerce.

On a gagné de part & d'autre à cette liaifon. Les gens du monde ont cultivé leur efprit, formé leur goût, & acquis de nouveaux plaifirs. Les gens de Lettres n'en ont pas retiré moins d'avantages. Ils ont trouvé de la protection & de la confidération ; ils ont perfectionné leur goût, poli leur efprit , adouci leurs mœurs, & acquis fur plufieurs articles des lumieres qu'ils n'auroient pas puifées dans les Livres.

Les Lettres ne donnent pas précifément un état, mais elles en tiennent lieu à ceux qui n'en ont pas d'autre, & leur procurent des diftinctions, que des gens qui leur font fupérieurs par le rang n'obtiendroient pas toujours. On ne fe croit pas plus humilié de rendre hommage à l'efprit qu'à la beauté, à moins qu'on ne foit d'ailleurs en concurrence de rang ou de dignité : car l'esprit peut devenir alors l'objet le plus vif de la rivalité. Mais lorsqu'on a une supériorité de rang bien décidée, on accueille l'esprit avec complaisance ; on est flatté de donner à un homme d'un rang inférieur le prix qu'il faudroit disputer avec un rival à d'autres égards.

L'esprit a l'avantage, que ceux qui l'estiment, prouvent qu'ils en ont eux-mêmes, ou le font croire, ce qui est à peu près la même chose pour bien des gens.

On distingue la République des Lettres en plusieurs classes. Les Savans qu'on appelle aussi

Erudits, ont joui autrefois d'une grande considération ; on leur doit la renaissance des Lettres ; mais comme aujourd'hui on ne les estime pas autant qu'ils le méritent, le nombre en diminue trop, & c'est un malheur pour les Lettres : ils se produisent peu dans le monde qui ne leur convient guére, & à qui ils ne conviennent pas davantage.

Il y a un autre ordre de Savans qui s'occupent des Sciences exactes. On les estime, on en reconnoît l'utilité , on les récompense quelquefois ; leur nom est cependant plus à la mode que leur personne, à moins qu'ils n'ayent d'autres agrémens que le mérite qui fait leur célébrité.

Les gens de Lettres les plus recherchés font ceux qu'on appelle communément beaux esprits, entre lesquels il y a encore une distinction à faire. Ceux dont les talens font marqués & couronnés par des succès, font bientôt connus & accueillis ; mais si leur esprit se trouve renfermé dans la sphere du talent, quelque génie qu'on y reconnoisse, on applaudit l'ouvrage, & on néglige l'Auteur. On lui préfere dans la Société celui dont l'esprit est d'un usage plus varié, & d'une application moins décidée & plus étendue.

Les premiers font plus d'honneur à leur siécle ; mais on cherche dans la Société ce qui plaît davantage. D'ailleurs il y a compensation sur tout. De grands talens ne supposent pas toujours un grand fonds d'esprit : un petit volume d'eau peut fournir un jet plus brillant qu'un ruisseau dont le cours paisible, égal & abondant fertilise une terre utile. Les hommes de talens doivent avoir plus de célébrité, c'est leur récompense. Les gens d'esprit doivent trouver plus d'agrément dans le commerce, puisqu'ils y en portent davantage ; c'est une reconnoissance fondée. Les talens ne se com-

muniquent point par la fréquentation. Avec les gens
d'esprit, on développe, on
étend, & on leur doit une partie
du sien. Aussi le plaisir & l'habitude de vivre avec eux font naître l'intimité, & quelquefois l'amitié, malgré les disproportions d'état, quand les qualités du cœur s'y trouvent ; car
il faut avouer que malgré la
manie d'esprit à la mode, les
gens de Lettres, dont l'ame est
connue pour honnête, ont
tout un autre coup d'œil dans
le monde, que ceux dont on
loue les talens, & dont on désavoue la personne.

On a dit que le jeu & l'amour rendent toutes les con

ditions égales : je suis persuadé qu'on y eût joint l'esprit, si le proverbe eût été fait depuis que l'esprit est devenu une passion. Le jeu égale en avilissant le supérieur ; l'amour, en élevant l'inférieur ; & l'esprit, parce que la véritable égalité vient de celle des ames. Il seroit à desirer que la vertu produisît le même effet ; mais il n'appartient qu'aux passions de réduire les hommes à n'être que des hommes, c'est-à-dire, à renoncer à toutes les distinctions extérieures.

Les gens de la Cour sont ceux dont les Lettres ont le plus à se louer ; & si j'avois un conseil à donner à un homme

qui ne peut se faire jour que
par son esprit, je lui dirois :
Préferez à tout l'amitié de vos
égaux ; c'est la plus sûre, la
plus honnête, & souvent la plus
utile ; ce sont les petits amis qui
rendent les grands services,
sans tyranniser la reconnoissance : mais si vous ne voulez que
des liaisons de société, faites-
les à la Cour ; ce sont les plus
agréables & les moins gênan-
tes. Le manége, l'intrigue, les
piéges, & ce qu'on appelle
les *noirceurs*, ne s'employent
qu'entre les rivaux d'ambition.
Les Courtisans ne pensent pas
à nuire à ceux qui ne peuvent
les traverser, & font quelquefois gloire de les obliger. Ils

aiment à s'attacher un homme de mérite, dont la reconnoiſſance peut avoir de l'éclat. Plus on eſt grand, moins on s'aviſe de faire ſentir une diſtance trop marquée. L'amour propre éclairé ne différe guére de la modeſtie dans ſes effets. Un homme de Lettres eſtimable n'en eſſuira point de faſte offenſant ; au lieu qu'il pourroit y être expoſé avec ces gens qui n'ont ſur lui que la ſupériorité que leur impertinence ſuppoſe, & qui croyent que c'eſt un moyen de la lui prouver.

Depuis que le bel eſprit eſt devenu une contagion, tel s'érige en protecteur qui auroit besoin lui-même d'être protégé, & à qui il ne manque pour cela que d'en être digne. Plusieurs devroient sentir qu'ils seroient assez honorés d'être utiles aux Lettres, parce qu'ils en retireroient plus de considération qu'ils ne pourroient leur en procurer.

D'autres qui se croyent gens du monde, parce qu'on ne sait pas pourquoi ils s'y trouvent, paroissent étonnés d'y rencontrer les gens de Lettres. Ceux-ci pourroient à plus juste titre être surpris d'y trouver ces gens d'un état assez commun, qui malgré leur complaisance pour les Grands, & leur impertinence avec leurs égaux, seront

toujours hors d'œuvre. Il y a
tant de faux gens du monde!
Mais du moins doit-on faire
une différence entre ceux qui
y sont recherchés, & ceux qui
s'y jettent malgré les dégoûts
qu'ils éprouvent.

En effet, réduisons les choses au vrai. On est homme du
monde par la naissance & les
dignités, on s'y attache par intérêt, on s'y introduit par baf-
sesse; on y est lié par des circonstances particulieres, telles
que sont les alliances des gens
de fortune; on y est admis par
choix, c'est le partage des gens
de Lettres; & le goût entraîne
nécessairement des distinctions.

Les gens de fortune qui ont de l'esprit & des Lettres le sentent si bien, que si on les consulte, ou qu'on suive simplement leur conduite, on verra qu'ils jouissent de la fortune, mais qu'ils s'estiment à d'autres égards. Ils sont même blessés des éloges qu'on donne à leur magnificence, parce qu'ils sentent qu'ils ont un autre mérite que celui-là. On veut tirer sa gloire de ce qu'on estime le plus. Ils recherchent les gens de Lettres, & se font honneur de leur amitié.

Les succès de quelques gens de Lettres en ont égaré beaucoup dans cette carriére. Tous se sont flattés de jouir des mê-

mes

mes agrémens, & plusieurs se
font trompés, soit qu'ils eussent
moins de mérite, soit que leur
mérite fût moins de commerce.

Quantité de jeunes gens ont
cru obéir au génie, & leurs
mauvais succès n'ont fait que
les rendre incapables de sui-
vre d'autres routes où ils auroient réussi, s'ils y étoient
entrés d'abord. Par-là l'Etat a
perdu de bons sujets, sans que
la République des Lettres y
ait rien gagné.

Quoique les avantages que
les Lettres procurent se rédui-
sent ordinairement à quelques
agrémens dans la Société, ils
n'ont pas laissé que d'exciter
l'envie. Les sots sont presque

tous par état, ennemis des gens d'esprit. L'esprit n'est pas souvent fort utile à celui qui en est doué ; & cependant il n'y a point de qualité qui soit si fort exposée à la jalousie.

On est étonné qu'il soit permis de faire l'éloge de son cœur, & qu'il soit révoltant de louer son esprit : & la vanité qu'on tireroit du dernier se pardonneroit d'autant moins, qu'elle seroit mieux fondée. On en a conclu que les hommes estiment plus l'esprit que la vertu. N'y en auroit-il point une autre raison ?

Il me semble que les hommes n'aiment point ce qu'ils sont obligés d'admirer. On

n'admire que forcément & par
surprise. La réfléxion cherche
à prescrire contre l'admiration;
& quand elle est forcée d'y
souscrire , l'humiliation s'y
joint , & ce sentiment ne dis-
pose pas à aimer.

Un seul mot renferme sou-
vent une collection d'idées :
tels sont les termes d'esprit &
de cœur. Si un homme nous
fait entendre qu'il a de l'esprit , & que de plus il ait raison de le croire , c'est comme
s'il nous prévenoit que nous
ne lui imposerons point par
de fausses vertus , que nous ne
lui cacherons point nos défauts , qu'il nous verra tels que
nous sommes , & nous jugera

avec justice. Une telle annonce ressemble déja à un acte
d'hostilité. Au lieu que celui
qui nous parle de la bonté de
son cœur, & qui nous la per-
suade, nous apprend que nous
pouvons compter sur son indulgence, même sur son aveuglement, sur ses services, &
que nous pourrons être impunément injustes à son égard.

Les sots ne se bornent pas à
une haine oisive contre les gens
d'esprit : ils les représentent
comme des hommes dange-
reux, ambitieux, intriguans :
ils supposent enfin qu'on ne
peut faire de l'esprit que ce
qu'ils en feroient eux-mêmes.

L'esprit n'est qu'un ressort

capable de mettre en mouvement la vertu ou le vice. Il eſt
comme ces liqueurs qui par
leur mêlange développent &
font percer l'odeur des autres.
Les vicieux l'employent pour
leur paſſion. Mais combien
l'eſprit a-t-il guidé, ſoutenu,
embelli, développé & fortifié
de vertus? L'eſprit ſeul par un
intérêt éclairé a quelquefois
produit des actions auſſi louables que la vertu même l'auroit pû faire. C'eſt ainſi que
la ſotiſe ſeule a peut-être fait
ou cauſé autant de crimes que
le vice.

A l'égard des gens d'eſprit
proprement dit, c'eſt-à-dire,
qui ſont connus par leurs ta-

lens, ou par un goût décidé pour les Sciences & les Lettres, c'est les connoître bien peu, que de craindre leur concurrence & leurs intrigues dans les routes de la fortune & de l'ambition. La plupart en font incapables; & ceux qui par hafard veulent s'en mêler, finiffent ordinairement par être des dupes. Les intriguans de profeffion les connoiffent bien pour tels; & quand ils les engagent dans quelques affaires délicates, ils fongent à les tromper les premiers, les font fervir d'inftrument honnête; mais ils fe gardent bien de leur confier le reffort principal. Il y a au contraire des fots qui par une ardeur soutenue, des démarches suivies, sans distraction de leur objet, parviennent à tout ce qu'ils desirent.

L'amour des Lettres rend assez insensible à la cupidité & à l'ambition, console de beaucoup de privations, & souvent empêche de les connoître ou de les sentir. Avec de telles dispositions les gens d'esprit doivent, tout balancé, être encore meilleurs que les autres hommes. Il arrive encore que l'esprit inspire à celui qui en est doué, une secrette satisfaction qui ne tend qu'à le rendre agréable aux autres, séduisant pour lui-même, inutile à sa fortune, & heureusement assez indifférent sur cet article.

Les gens d'esprit devroient d'autant moins s'embarrasser de la basse jalousie qu'ils excitent, qu'ils ne vivent jamais plus agréablement qu'entr'eux. Ils doivent savoir par expérience combien ils se sont réciproquement nécessaires. Si quelque pique les éloigne les uns des autres, les sots les réconcilient bientôt, par l'impossibilité où l'on se trouve de vivre continuellement avec eux.

Les ennemis étrangers feroient peu de tort aux gens de Lettres, s'ils n'étoient pas assez imprudens pour leur fournir des moyens de les décrier, en se desservant quelquefois eux-mêmes.

Je

Je voudrois pour l'honneur des Lettres & le bonheur de ceux qui les cultivent, qu'ils fuſſent perſuadés d'une vérité qui devroit être pour eux un principe fixe de conduite. C'eſt qu'ils peuvent ſe deshonorer eux-mêmes par les choſes injurieuſes qu'ils font, diſent ou écrivent contre leurs rivaux; qu'ils peuvent tout au plus les mortifier, s'en faire des ennemis, & les engager à une repréſaille auſſi honteuſe; mais qu'ils ne ſauroient donner atteinte à une réputation conſignée dans le Public. On ne fait & l'on ne détruit que la ſienne propre, & toujours par ſoi-même. La jalouſie marque

Z

toujours infériorité dans celui qui la ressent. Quelque supériorité qu'on eût à beaucoup d'égards sur un rival, dès qu'on en conçoit de la jalousie, il faut qu'on lui soit inférieur par quelque endroit.

Il n'y a point de particulier, si élevé ou si illustre qu'il puisse être ; point de Société si brillante qu'elle soit, qui détermine le jugement du Public, quoiqu'une cabale puisse par hasard procurer des succès, ou donner des dégoûts passagers. Cela seroit encore plus difficile aujourd'hui que dans le siécle précédent, parce que le Public étoit moins instruit, ou se piquoit moins d'être juge. Aujourd’hui il s’amuse des scénes littéraires, méprise personnellement ceux qui les donnent avec indécence, & ne change rien à l’opinion qu’il a prise de leurs ouvrages.

Il est inutile de prouver aux gens de Lettres, que la rivalité qui produit autre chose que l’émulation est honteuse, cela n’a pas besoin de preuves ; mais ils devroient sentir que leur désunion va directement contre leur intérêt général & particulier, & ils ne paroissent pas s’en appercevoir.

Des ouvrages travaillés avec soin, des critiques sensées, sévéres, mais justes & honnêtes, où l’on marque les beautés en relevant les défauts pour donner des vûes nouvelles ; voilà ce qu'on a droit d'attendre des gens de Lettres. Leurs difcuffions ne doivent avoir que la vérité pour objet, objet qui n'a jamais caufé ni fiel ni aigreur, & qui tourne à l'avantage de l'humanité ; au lieu que leurs querelles font auffi dangereufes pour eux, que fcandaleufes pour les Sages. Des hommes ftupides, affez éclairés par l'envie pour fentir leur infériorité, trop orgueilleux pour l'avouer, peuvent feuls être charmés de voir ceux qu'ils feroient obligés de refpecter, s'humilier les uns les autres. Les fots apprennent ainſi à cacher leur haine ſous un air de mépris dont ils de-vroient ſeuls être l'objet. Il ſemble qu'on faſſe aujourd'hui préciſément le contraire de ce qui ſe pratiquoit , lorſqu'on faiſoit combattre des animaux pour amuſer des hommes.

Je crois voir dans la République des Lettres un Peuple dont l'intelligence feroit la force, fournir des armes à des Barbares, & leur montrer l'art de s'en ſervir.

CHAPITRE XI.

Sur la manie du bel Esprit.

IL n'y a rien de si utile dont on ne puisse abuser, ne fût-ce que par l'excès. Il ne s'agit donc pas d'examiner jusqu'à quel point les Lettres peuvent être utiles à un Etat floriffant, & contribuer à sa gloire ; mais de favoir 1°. fi le goût du bel esprit n'eft pas trop répandu, peut-être même plus qu'il ne le faudroit pour sa perfection ?

Secondement, d'où vient la vanité qu'on en tire, & conféquemment l'extrême fenfibilité qu'on a fur cet article ? L'examen & la folution de ces deux queftions s'appuiront néceffairement fur les mêmes raifons.

Il eft fûr que ceux qui cultivent les Lettres par état en retireroient peu d'avantages, fi les autres hommes n'en avoient pas du moins le goût. C'eft l'unique moyen de procurer aux Lettres les récompenfes & la confidération dont elles ont befoin pour fe foutenir avec éclat. Mais lorfque la partie de la littérature que l'on comprend d'ordinaire fous le nom de bel efprit devient une mode, une efpéce de manie publique, les gens de Lettres n'y

gagnent pas, & les autres professions y perdent. Cette foule
de prétendans au bel esprit fait
qu'on distingue moins ceux qui
ont des droits, d'avec ceux qui
n'ont que des prétentions.

A l'égard des hommes qui
font comptables à la Société
de diverses professions graves,
utiles, ou même de premiere
nécessité, qui exigent presque
toute l'application de ceux qui
s'y destinent, telles que la
Guerre, la Magistrature, le
Commerce, les Arts; c'est fans
doute une grande ressource
pour eux que la connoissance
& le goût modéré des Lettres.
Ils y trouvent un délassement,
un plaisir, & un certain

exercice d'efprit qui n'eft pas inutile à leurs autres fonctions. Mais fi ce goût devient trop vif & dégénere en paffion , il eft impoffible que les devoirs réels n'en fouffrent. Les premiers de tous font ceux de fa profeffion , parce que la premiere obligation eft d'être Citoyen.

Les Lettres ont par elles-mêmes un attrait qui féduit l'efprit, lui rend les autres occupations rebutantes , & fait négliger celles qui font les plus indifpenfables. On ne voit guére d'homme paffionné pour le bel efprit, s'acquitter bien d'une profeffion différente. Je ne doute point qu'il n'y ait des hommes engagés dans des professions très-opposées aux Lettres pour lesquelles ils avoient des talens marqués. Il seroit à desirer pour le bien de la Société qu'ils s'y fussent totalement livrés, parce que leur génie & leur état étant restés en contradiction, ils ne sont bons à rien.

Ces talens décidés, ces vocations marquées sont très-rares ; la plûpart des talens dépendent communément des circonstances, de l'exercice & de l'application qu'on en a fait. Mettons un peu ces prétendus talens naturels & non cultivés à l'épreuve.

Nous voyons des hommes

dont l'oisiveté forme pour ainsi dire l'état; ils se font amateurs de bel esprit, ils s'annoncent pour le goût, c'est leur affiche; ils recherchent les lectures, ils s'empressent, ils conseillent, ils protégent, & croient naïvement, ou tâchent de faire croire qu'ils ont part aux ouvrages & aux succès de ceux qu'ils ont incommodés de leurs conseils.

Cependant ils se font par-là une sorte d'existence, une réputation de société. Pour peu qu'ils montrent d'esprit, s'ils restent dans l'inaction, & se bornent prudemment au droit de juger décisivement, ils usurpent dans l'opinion une eſpéce de ſupériorité ſur les talens mêmes. On les croit capables de faire tout ce qu'ils n'ont pas fait, & uniquement parce qu'ils n'ont rien fait. On leur reproche leur pareſſe, ils cédent aux inſtances, & ſe haſardent à entrer dans la carriere dont ils étoient les arbitres. Leurs premiers eſſais profitent du préjugé favorable de la Société. On loue, on admire, on ſe récrie que le Public ne doit pas être privé d'un chef-d'œuvre. La modeſte complaiſance de l'Auteur ſe laiſſe violer, & conſent à ſe produire au grand jour.

C'eſt alors que l'illuſion s'évanouit; le Public condamne,

ou s'occupe peu de l'ouvrage; les admirateurs se rétractent, & l'Auteur déplacé apprend par son expérience qu'il n'y a point de profession qui n'exige un homme tout entier. En effet on citeroit peu d'ouvrages distingués, je dis même d'ouvrages de goût, qui ne soient partis d'Auteurs de profession.

Les mauvais succès ne détrompent pas ceux qu'ils humilient. Il n'y a point d'amour propre plus sensible & moins corrigible que celui qui naît du bel esprit; & il est infiniment plus ombrageux dans ceux dont ce n'est pas la profession, que dans les vrais Auteurs, parce qu'on est plus humilié d'être au-dessous de ses prétentions que de ses devoirs. C'est en vain qu'ils affichent l'indifférence, ils ne trompent personne. L'indifférence est la seule disposition de l'ame qui doive être ignorée de celui qui l'éprouve ; elle n'existe plus dès qu'on l'annonce.

Il n'y a point d'ouvrages qui ne demandent du travail ; les plus mauvais ont souvent le plus coûté, & l'on ne se donne point de peine sans objet. On n'en a point, dit-on, d'autre que son amusement : dans ce cas-là il ne faut point faire imprimer ; il ne faut pas même lire à ses amis, puisque c'est vouloir les consulter ou les amuſer. On ne conſulte point ſur des choſes qui n'intéreſſent pas, & l'on ne prétend pas amuſer avec celles qu'on n'eſtime point. Cette prétendue indifférence eſt donc toujours fauſſe ; il n'y a qu'un intérêt très-ſenſible qui faſſe jouer l'indifférence. C'eſt une précaution en cas de mauvais ſuccès , ou l'oſtentation d'un droit qu'on voudroit établir pour décidé.

On n'a jamais tant donné de ridicule au bel eſprit , que depuis qu'on en eſt infatué. Cependant la foibleſſe ſur ce ſujet eſt telle , que ceux qui pourroient tirer leur gloire d'ailleurs , ſe repaiſſent ſur le bel eſprit d'éloges dont ils reconnoiſſent eux-mêmes la mauvaiſe foi. Votre ſincérité vous en feroit des ennemis irréconciliables , eux qui s'élevent contre l'amour propre des Auteurs de profeſſion.

Examinons quelles ſont les cauſes de cet amour propre exceſſif : voici celles qui m'ont frappé.

Chez les Peuples ſauvages la force a toujours fait la nobleſſe & la diſtinction entre les hommes ; mais parmi des nations policées, où la force eſt ſoumiſe à des Loix qui en préviennent ou en répriment la violence, la diſtinction réelle & perſonnelle la plus reconnue vient de l'eſprit.

La

La force ne sauroit être parmi nous une distinction ni un moyen de fortune ; c'est tout au plus un avantage pour des travaux pénibles, qui font le partage de la plus malheureuse classe des Citoyens. Mais malgré la subordination que les Loix, la politique, la sagesse ou l'orgueil ont pû établir, il reste toujours à l'esprit dans les classes les plus obscures des moyens de fortune & d'élévation qu'il peut saisir, & que des exemples lui indiquent. Au défaut des avantages réels que l'esprit peut procurer suivant l'application qu'on en fait, le plus stérile pour la fortune donne encore une sorte de considération.

A a

Mais comment arrive-t-il
que de toutes les fortes d'efprit dont on peut faire ufage,
le bel efprit foit celui qui infpire le plus d'amour propre?
Sur quoi fonde-t-on fa fupé-
riorité? & qu'eft-ce qui en fa-
vorife fi fort la prétention?
Voici d'où vient l'illufion.

Prémièrement, les hommes
ne font jamais plus jaloux de
leurs avantages, que lorfqu'ils
les regardent comme leur étant
perfonnels; qu'ils s'imaginent
ne les devoir qu'à eux-mêmes,
& comme ils jugent moins de
l'efprit par des effets éloignés,
& dont ils n'apperçoivent pas
toujours la liaifon, que fur des
fignes immédiats ou prochains,

les hommes qui ne font pas
faits à la réfléxion, croient voir
cette prérogative dans le bel
efprit plus que dans tout autre.
Ils jugent qu'il appartient en
propre à celui qui en eft doué.
Ils voient, ou croient voir
qu'il produit de lui-même, &
fans fecours étrangers; car ils
ne diftinguent pas ces fecours
qui font cependant très-réels.
Ils ne font pas attention qu'à
talens égaux, les Ecrivains les
plus diftingués font toujours
ceux qui fe font nourris de la
lecture réfléchie des ouvrages
de ceux qui ont paru avec éclat
dans la même carriere. On ne
voit pas, dis-je, affez que
l'homme le plus fécond, s'il

A a ij

étoit réduit à ſes propres idées, en auroit peu ; que c'eſt par la connoiſſance & la comparaiſon des idées étrangeres, qu'on parvient à en produire une quantité d'autres qu'on ne doit qu'à ſoi.

Secondement, ce qui favoriſe encore l'opinion avantageuſe qu'on a du bel eſprit, vient d'un parallele qu'on eſt ſouvent à portée de faire.

On remarque que le fils d'un homme d'eſprit & de talent fait ſouvent des efforts inutiles pour marcher ſur les traces de ſon pere, il n'y a rien de moins héréditaire ; au lieu que le fils d'un Savant devient, s'il le veut, un Savant lui-même. En

Géométrie & dans toutes les vraies Sciences qui ont des principes, des régles & une méthode, on peut parvenir; & l'on parvient ordinairement, sinon à la gloire, du moins aux connoissances de ses prédécesseurs.

Peut-être dira-t-on à l'avantage de certaines Sciences, que l'utilité en est plus réelle ou plus reconnue que celle du bel esprit; mais cette objection est plus favorable à ces Sciences mêmes qu'à ceux qui les professent.

Il est vrai que celui qui s'annonce pour les Sciences, est obligé d'en être instruit jusqu'à un certain point; sans

quoi il ne peut pas s'en impofer groffiérement à lui-même,
& difficilement aux autres,
s'ils ont intérêt de s'en éclaircir. Quoique les Sciences ne
foient pas exemptes de charla-
tanerie, elle y eft plus difficile que fur ce qui n'a rapport
qu'à l'efprit. On fe trompe de
bonne foi à cet égard, & l'on
en impofe facilement aux autres, fur-tout fi l'on ne fe com-
met pas en donnant des ouvrages, & qu'on fe borne au fimple titre d'homme d'efprit &
de goût. Voilà ce qui rend le
bel efprit fi commun, qu'il ne
devroit pas infpirer tant de vanité.

Mais laiffant à part ce peuple de gens d'esprit, sur quoi les Auteurs de mérite, & dont les preuves sont incontestables, fondent-ils leur supériorité à l'égard de plusieurs professions ?

En supposant que l'esprit dût être la seule mesure de l'estime, en ne comptant pour rien les différens degrés d'utilité, & ne jugeant les professions que sur la portion d'esprit qu'elles exigent ; combien y en a-t-il qui supposent autant & peut-être plus de pénétration, de sagacité, de prestesse, de discussion, de comparaison, en un mot d'étendue de lumiéres, que les ouvrages de goût & d'agrémens les plus célébres ?

Je ne citerai pas ce qui regarde le gouvernement ou la conduite des armées ; on pourroit croire que l'éclat qui accompagne certaines places, peut influer sur l'estime qu'on fait de ceux qui les remplissent avec succès , & j'aurois trop d'avantage. Je n'entrerai pas non plus dans le détail de tous les différens emplois ; il y en auroit plus qu'on ne croit qui auroient des titres solides à produire. Portons du moins la vûe sur quelques occupations de la Société.

Le Magistrat qui est digne de sa place ne doit-il pas avoir l'esprit juste, exact, pénétrant, exercé,

exercé, pour percer jusqu'à la vérité à travers les nuages dont l'injustice & la chicane cherchent à l'obscurcir ; pour arracher à l'imposture le masque de l'innocence ; pour discerner l'innocence malgré l'embarras, la frayeur ou la maladresse qui semblent déposer contr'elle ; pour distinguer l'assurance de l'innocent d'avec l'audace du coupable ; pour connoître également & concilier l'équité naturelle & la loi positive ; pour faire céder l'une à l'autre, suivant l'intérêt de la Société, & par conséquent de la Justice même ?

Faut-il moins de qualités dans l'Orateur, pour éclaircir & présenter l'affaire sur laquelle le Juge doit prononcer; pour diriger les lumiéres du Magiſtrat, & quelquefois les lui fournir? car je ne parle point de l'art criminel d'égarer la Juſtice.

Quel diſcernement, quelle fineſſe de diſcuſſion n'exige pas l'art de la critique?

Quelle force de génie ne faut-il pas pour imaginer certains ſyſtêmes qui peut-être ſont faux, mais qui n'en ſervent pas moins à expliquer des phénomenes, conſtater, concilier des faits, & trouver des vérités nouvelles?

Quelle ſagacité dans les Sciences pour inventer des méthodes qui prouvent l'étendue des lumiéres dans les Inventeurs, & dont l'utilité est telle, qu'elles guident avec certitude ceux mêmes qui n'en conçoivent pas les principes?

Cependant plusieurs de ces Philosophes sont à peine connus; il n'y a de célébres que ceux qui ont fait des révolutions dans les esprits ; tandis que ceux qui ne sont qu'utiles restent ignorés. Les hommes ne méconnoissent jamais plus les bienfaits, que lorsqu'ils en jouissent avec tranquillité.

La gloire du bel esprit est sentie & publiée par le commun des hommes, qui sont jusqu'à un certain point en état d'en concevoir les idées, & qui se sentent incapables de les produire fous la forme où elles leur font préfentées ; de-là naît leur admiration. Au lieu que les Philofophes ne font fentis que par des Philofophes, ils ne peuvent prétendre qu'à l'eftime de leurs pairs ; c'eft jouir d'une confidération bien bornée.

Mais pourquoi entrer dans un examen détaillé des occupations qu'on regarde comme appartenant principalement à l'efprit ? Il y en a beaucoup d'autres qu'on ne range pas ordinairement dans cette claffe-là , & qui n'en exigent pas moins.

Doutera-t-on , par exemple, qu'il ne faille une grande étendue de lumiéres pour

imaginer une nouvelle bran-
che de commerce, ou pour en
perfectionner une déja établie?

On avouera sans doute qu'on
ne peut pas refuser l'esprit à
ceux qui se sont illustrés dans
les différentes carriéres dont je
viens de parler ; mais on dira
qu'il n'en faut pas beaucoup
pour y marcher foiblement.
Pour réponse à cette distinction, il suffit d'en faire une pa-
reille, & de demander quel
cas on fait de ceux qui ram-
pent dans la littérature ; on
va jusqu'à l'injustice à leur
égard, en les estimant moins
qu'ils ne le méritent.

On fait encore une objec-
tion dont on est frappé, & qui

est bien foible. On remarque, dit-on, que plusieurs hommes se sont fait un nom dans les Arts, ou dans certaines Sciences, quoiqu'ils fussent incapables de toutes les autres choses ausquelles ils s'étoient d'abord inutilement appliqués ; & que loin d'être en état de produire le moindre ouvrage de goût & d'agrément, à peine atteignent-ils au courant de la conversation. Dès-là on prend droit de les regarder comme des espéces de machines dont les ressorts n'ont qu'un effet déterminé.

Mais croit-on que tous ceux qui se sont distingués dans le bel esprit eussent été également-

ment capables de toutes les autres productions, & des différens emplois de la Société ?
Ils n'auroient peut-être jamais
été ni bons Magiſtrats, ni bons
Commerçans, ni bons Artiſ-
tes. Sont-ils bien ſûrs qu'ils y
auroient été propres ? Ce qu'ils
ont pris chez eux pour répugnance ſur certaines occupations, pouvoit être un ſigne
d'incapacité autant que de
dégoût. N'y auroit-il point
d'exemples de beaux eſprits
diſtingués qui fuſſent aſſez bornés ſur d'autres articles, même
ſur ce qui paroît avoir le plus
de rapport avec l'eſprit, tel
que le ſimple talent de la con-
verſation, car c'en eſt un com-

B b iiij

me un autre ? On en trouve-
roit sans doute des exemples,
& l'on auroit tort d'en être
étonné.

Pour faire voir que l'uni-
versalité des talens est une chimere, je ne veux pas chercher
mes autorités dans la classe
commune des esprits ; mon-
tons jusqu'à la sphere de ces
génies rares, qui en faisant
honneur à l'humanité, humilient les hommes par la comparaison. Newton qui a devi-
né le systême de l'Univers, du
moins pour quelque temps,
n'étoit pas regardé comme capable de tout par ceux mêmes
qui s'honoroient de l'avoir
pour compatriote.

Guillaume III qui se connoissoit en hommes, étant embarrassé sur une affaire politique, on lui conseilla de consulter Newton. Newton, dit-il, n'est qu'un grand Philosophe. Ce titre étoit sans doute un éloge rare ; mais enfin dans cette occasion-là Newton n'étoit pas ce qu'il falloit, il en étoit incapable, & n'étoit qu'un grand Philosophe.

Il est plus que vraisemblable que s'il eût appliqué à la science du gouvernement les travaux qu'il avoit consacrés à la connoissance de l'Univers, le Roi Guillaume n'eût pas dédaigné ses conseils.

Dans combien de circons-

tances, fur combien de queftions le Philofophe n'eût-il pas
répondu à ceux qui lui auroient confeillé de confulter
le Monarque ? Guillaume n'eft
qu'un Politique, qu'un Héros,
qu'un grand Roi.

Le Prince & le Philofophe
étoient également capables
de fentir les limites de leur
génie ; au lieu qu'un homme d'imagination regarderoit
comme une injuftice d'être re-
cufé fur quelque matiére que
ce pût être. Les hommes de ce
caractére fe croient capables
de tout ; l'inexpérience même
fortifie leur amour propre qui
ne peut s'éclairer que par des
fautes , & diminuer par des

connoissances acquises.

Les plus grandes affaires, celles du gouvernement ne demandent que de bons esprits; le bel esprit y nuiroit, & les grands esprits y sont rarement nécessaires. Ils ont des inconvéniens pour la conduite, & ne sont propres qu'aux révolutions; ils sont nés pour édifier ou pour détruire. Le génie à ses bornes & ses écarts; la raison cultivée suffit à tout ce qui nous est nécessaire.

Si d'un côté il y a peu de talens si décidés pour un objet, qu'il eût été absolument impossible à celui qui en est doué de réussir dans toute autre chose; on peut d'un autre

côté foutenir que tout eft talent, c'eft-à-dire en général,
qu'avec quelque difpofition
naturelle, on peut en y joi-
gnant de l'application, & fur-
tout des exercices réitérés,
réuffir dans quelque carriére
que ce puiffe être. Je ne prétens avancer qu'une propofi-
tion générale, & j'excepte les
génies & les hommes totalement ftupides, deux fortes d'ê-
tres prefque également rares.

On voit par exemple des
hommes qui ne paroiffent pas
capables de lier deux idées en-
femble, & qui cependant font
au jeu les combinaifons les plus
compliquées, les plus fûres &
les plus rapides. Il faut nécef-

fairement de l'efprit pour de telles opérations; on dit qu'ils ont l'efprit du jeu. Mais s'il n'y avoit aucun jeu d'inventé, croit-on que ces joueurs fi fubtils euffent été réduits à la feule exiftence matérielle? Cet efprit de calcul & de combinaifon auroit pû être appliqué à des fciences qui leur auroient peut-être fait un nom.

Les circonftances décident fouvent de la différence des talens. C'eft ainfi que le choc du caillou fait fortir la flamme, en rompant l'équilibre qui la retenoit captive.

Ce qui eft beaucoup plus rare que les grands talens, c'eft une fléxibilité d'efprit qui

saisisse un objet, l'embrasse, &
puisse ensuite se replier vers un
autre, qui en pénétre l'intérieur avec force, & qui le présente avec clarté. C'est une vûe
qui au lieu d'avoir une direction fixe, déterminée & sur
une seule ligne, a une action
sphérique. Voilà ce qu'on peut
appeller l'esprit de lumiére : il
peut imiter tous les talens, sans
toutefois les porter au même
degré que les hommes qui y
sont bornés ; mais s'il est quelquefois moins brillant que les
talens, il est beaucoup plus
utile.

Les talens sont ou deviennent personnels à ceux qui en
sont doués, ou qui les ont ac-

quis par l'exercice ; au lieu que
l'esprit de lumiére se commu-
nique, & développe celui des
autres hommes. Cet esprit
même qui semble appartenir
uniquement à la nature, a pres-
qu'autant besoin d'exercice
pour se perfectionner que les
talens. Les gens doués de cet
esprit ne peuvent pas l'ignorer, quelque modestes qu'ils
soient ; la modestie n'est, & ne
peut être qu'une vertu exté-
rieure. Mais si la présomption
les gagne, s'ils viennent à s'e-
xagerer leur esprit, en prenant
leur facilité à s'instruire pour
les connoissances mêmes, leur
prévoyance , leur sagacité
pour l'expérience, ils tombent

dans des bévûes plus grossiéres que ne font les hommes bornés & appliqués. L'esprit est le premier des moyens, il sert à tout, & ne supplée presque à rien.

Dans l'examen que je viens de faire, mon dessein n'est assurément pas de déprifer le vrai bel esprit. Tout peut à la vérité être regardé comme talent, ou si l'on veut comme *métier*. Mais il y en a qui exigent un assemblage de qualités rares, & le bel esprit est du nombre. Je prétens seulement que s'il est dans la premiere classe, il n'y est pas seul ; que si l'on veut lui donner une préférence exclusive, on joint le ridicule à l'injuſtice; & que ſi la manie du bel eſprit augmente , ou ſe ſoutient long-temps au point où elle eſt, elle nuira infailliblement à l'eſprit.

C'eſt contre l'excès & l'altération du bien qu'on doit être en garde; le mal exige moins d'attention , parce qu'il s'annonce aſſez de lui-même ; & pour finir par un exemple qui a beaucoup de rapport à mon ſujet, ce ſeroit un problême à réſoudre , que d'examiner combien l'Impreſſion a contribué au progrès des Lettres & des Sciences , & combien elle y peut nuire. Je ne veux pas m'engager dans une diſcuſſion qui exigeroit un Traité

C c

particulier ; mais je demande simplement qu'on fasse atten- tion que si l'Impression a mul- tiplié les bons ouvrages , elle favorise aussi un nombre ef- froyable de Traités sur diffé- rentes matieres ; desorte qu'un homme qui veut s'appliquer à un genre particulier , l'appro- fondir & s'instruire, est obligé de payer à l'étude un tribut de lectures inutiles , rebutantes , & souvent contraires à son ob- jet. Avant que d'être en état de choisir ses guides, il a épuisé ses forces.

Ainsi le plus grand service que les Sociétés littéraires pourroient rendre aujourd'hui aux Lettres, aux Sciences &

aux Arts, seroit de faire des méthodes, & de tracer des routes qui épargneroient du travail, des erreurs, & conduiroient à la vérité par les voies les plus courtes & les plus sûres.

CHAPITRE XII.

Sur le Rapport de l'Esprit & du Caractére.

LE caractére eſt la forme diſtinctive d'une ame avec une autre, ſa différente maniére d'être. Le caractére eſt aux ames ce que la phiſionomie & la variété dans les mêmes traits ſont aux viſages.

Les viſages ſont compoſés des mêmes parties, c'eſt en cela qu'ils ſe reſſemblent ; la liaiſon & l'accord de ces mêmes parties ſont différens ; voilà ce qui les diſtingue les uns des autres, & empêche de les confondre.

Les hommes fans caracté-
re font des vifages fans phifio-
nomie, de ces vifages communs qu'on ne prend pas la
peine de diftinguer.

L'efprit eft une des facultés
de l'ame, qu'on peut comparer à la vûe; & l'on peut confi-
derer la vûe par fa netteté, fon
étendue, & par les objets fur
lefquels elle eft exercée: car
outre la faculté de voir, on
apprend encore à voir.

Je ne veux pas entrer ici dans
une difcuffion métaphifique,
qu'on ne jugeroit peut-être pas
affez néceffaire à mon fujet;
quoiqu'il n'y eût peut-être pas
de métaphifique mieux em-
ployée que celle qui feroit ap-

pliquée aux mœurs ; elle justifieroit le sentiment, en démontrant les principes.

Nous avons vû dans le Chapitre précédent les injustices qu'on fait dans la prééminence qu'on donne à certains talens ; nous allons voir qu'on n'en fait pas moins dans les jugemens qu'on porte sur les différentes sortes d'esprits. Il y en a du premier ordre que l'on confond quelquefois avec la sotise.

Ne voit-on pas des gens dont la naïveté & la candeur empêchent qu'on ne rende justice à leur esprit. Cependant la naïveté n'est que l'expression la plus simple & la plus naturelle d'une idée dont le fonds peut

être fin & délicat ; & cette expression simple a tant de grace,
& d'autant plus de mérite,
qu'elle est le chef-d'œuvre de
l'art dans ceux à qui elle n'est
pas naturelle.

La candeur est le sentiment
intérieur de la pureté de son
ame, qui empêche de penser
qu'on ait rien à dissimuler.

L'ingénuité peut être une
suite de la sotise, quand elle
n'est pas l'effet de l'inexpérience ; mais la naïveté n'est
tout au plus que l'ignorance
de choses de convention, fa-
ciles à apprendre, & bonnes
à dédaigner ; & la candeur est
la premiere marque d'une belle
ame.

La naïveté & la candeur peuvent se trouver dans le plus beau génie, & alors elles en font l'ornement le plus précieux & le plus aimable.

Il n'est pas étonnant que le vulgaire qui n'est pas digne de respecter des avantages si rares, soit l'admirateur de la finesse de caractére qui n'est que le fruit de l'attention fixe & suivie d'un esprit médiocre que l'intérêt anime. La finesse peut marquer de l'esprit, mais elle n'est jamais dans un esprit supérieur, à moins qu'il ne se trouve avec un cœur bas. Un esprit supérieur dédaigne les petits ressorts, il n'employe que les grands, c'est-à-dire les simples. On

On doit encore diftinguer la fineffe de l'efprit, de celle du caractére. L'efprit fin eft fouvent faux, précifément parce qu'il eft trop fin ; c'eft un corps trop délié pour avoir de la confiftance. La fineffe imagine au lieu de voir ; à force de fuppofer elle fe trompe. La pénétration voit, & la fagacité va jufqu'à prévoir. Si le jugement fait la bafe de l'efprit, fa promptitude contribue encore à fa juftaffe ; mais fi l'imagination domine, c'eft la fource d'erreurs la plus féconde.

Enfin la fineffe eft un menfonge en action, & le menfonge part toujours de la crainte ou de l'intérêt, & par conséquent de la basseße. On ne voit point d'homme puißant, & absolu, quelque vicieux qu'il soit d'ailleurs, mentir à celui qui lui est soumis, parce qu'il ne le craint pas. Si cela arrive, c'est sûrement par une vûe d'intérêt ; auquel cas il cesse en ce point d'être puissant, & devient alors dépendant de ce qu'il desire, & ne peut emporter par la force ouverte.

Il ne faut pas être surpris qu'un homme d'esprit soit trompé par un sot. L'un suit continument son objet, & l'autre ne s'avise pas d'être en garde. La duperie des gens d'esprit vient de ce qu'ils ne comptent pas assez avec les sots, c'est-à-dire les comptent pour trop peu.

On auroit plus de raison de s'étonner des fautes grossiéres où les gens d'esprit tombent d'eux-mêmes. Leurs fautes sont cependant encore moins fréquentes que celles des autres hommes , quelquefois plus graves, & toujours plus remarquées. Quoi qu'il en soit, j'en ai cherché la raison, & je crois l'appercevoir dans le peu de rapport qui se trouve entre l'esprit d'un homme & son caractére.

La dépendance mutuelle de l'esprit & du caractére peut

être envisagée sous trois aspects. On n'a pas le caractére de son esprit, ou l'esprit de son caractére ; on n'a pas assez d'esprit pour son caractére ; on n'a pas assez de caractére pour son esprit.

Un homme, par exemple, sera capable des plus grandes vûes, de concevoir, digerer & ordonner un grand dessein. Il passe à l'exécution, & il échoue, parce qu'il se dégoûte, qu'il est rebuté des obstacles mêmes qu'il avoit prévûs, & dont il voyoit les ressources. On le reconnoît d'ailleurs pour un homme de beaucoup d'esprit, & ce n'est pas en effet par-là qu'il a manqué. On est étonné de sa conduite , parce qu'on ignore qu'il est léger & incapable de suite dans le caractére ; qu'il n'a que des accès d'ambition qui cédent à une paresse naturelle ; qu'il est incapable d'une volonté forte à laquelle peu de choses résistent, même pour les gens bornés ; & qu'enfin il n'a pas le caractére de son esprit. Sans manquer d'esprit, on manque à son esprit par légereté, par passion, par timidité.

Un autre d'un caractére propre aux plus grandes entreprises, avec du courage & de la constance, manquera de l'esprit qui fournit les moyens ; il n'a pas l'esprit de son caractére.

Voilà l'oppofition du caractére & de l'efprit. Mais il y a
une autre maniere de faire des
fautes, malgré beaucoup d'efprit, même analogue au caractére ; c'eft lorfqu'on n'en a pas
affez pour ce caractére.

Un homme d'un efprit étendu & rapide aura des projets
encore plus vaftes ; il faut néceffairement qu'il échoue ,
parce que fon efprit ne fuffit
pas encore à fon caractére. Il
y a tel homme qui n'a fait que
des fotifes , qui avec un autre
caractére que le fien auroit
paffé avec juftice pour un génie
fupérieur.

Mettons en oppofition un
homme dont l'efprit a une

fphére peu étendue, mais dont le cœur exempt de paffions fortes ne le porte pas au-delà de cette fphére bornée. Ses entreprifes & fes moyens font en proportion égale; il ne fera point de faute, & fera regardé comme fage, parce que la réputation de fageffe dépend moins des chofes brillantes qu'on fait, que des fotifes qu'on ne fait point.

Peut-être y a-t-il plus d'efprit chez les gens vifs que chez les autres; mais auffi ils en ont plus de befoin. Il faut voir clair & avoir le pied fûr quand on veut marcher vîte; fans quoi les chûtes font fréquentes & dangereufes. C'eft par cette raiſon que de tous les ſots, les plus vifs ſont les plus inſuppor-tables.

Un caractére trop vif nuit quelquefois à l'eſprit le plus juſte en le pouſſant au-delà du but, ſans qu'il l'ait apperçu. On ne ſe trouve pas humilié de cet excès, parce qu'on ſuppoſe que le moins eſt renfermé dans le plus; mais ici le plus & le moins ne ſont pas bien comparés, & ſont de nature différente. Il faut plus de force pour s'arrêter au terme, que pour le paſſer par la violence de l'impulſion. Voir le but où l'on tend c'eſt jugement, y atteindre c'eſt juſteſſe, s'y arrêter c'eſt force, le paſſer ce peut être foibleſſe:

Les jugemens de l'extrême vivacité reſſemblent aſſez à ceux de l'amour propre qui voit beaucoup, compare peu, & juge mal. La ſcience de l'amour propre eſt de toutes la plus cultivée & la moins perfectionnée. Si l'amour propre pouvoit admettre des régles de conduite, il deviendroit le germe de pluſieurs vertus, & ſuppléroit à celles mêmes qu'il paroît exclure.

On objecteroit peut-être qu'on voit des hommes d'un flegme & d'un eſprit également reconnus tomber dans des égaremens qui tiennent de l'extravagance; mais on ne fait pas attention que ces mêmes hommes, malgré cet extérieur froid, font des caractéres vio-lens. Leur tranquillité n'eſt qu'apparente ; c'eſt l'effet d'un vice des organes, un maintien de hauteur ou d'éducation, une fauſſe dignité ; leur ſens froid n'eſt que de l'orgueil.

Le plus grand avantage pour le bonheur, eſt une eſpéce d'é-quilibre entre les idées & les affections, entre l'eſprit & le caractére.

Enfin, ſi l'on reproche tant de fautes aux gens d'eſprit, c'eſt qu'il y en a peu qui par la nature ou l'étendue de leur eſprit ayent celui de leur ca-ractére, & malheureuſement celui-ci ne ſe change point,

Les mœurs se corrigent, l'esprit se fortifie ou s'altere, les affections changent d'objet, le même peut successivement inspirer l'amour ou la haine ; mais le caractére est inaltérable, il peut être contraint ou déguisé, il n'est jamais détruit. L'orgueil humilié & rampant est toujours de l'orgueil.

Tout ce que l'homme qui a le plus d'esprit peut faire, c'est de s'étudier, de se connoître, & de compter ensuite avec son caractére ; sans quoi les fautes & même les malheurs ne servent qu'à l'abattre, sans le corriger ; mais pour un homme d'esprit, ils sont une occasion de réfléchir. C'est sans doute ce qui a fait dire qu'il y a toujours de la reſſource avec les gens d'eſprit. La réfléxion ſert de ſauvegarde au caractére, ſans le corriger ; comme les régles en ſervent au génie, ſans l'inſpirer. Elles font peu pour l'homme médiocre, elles préviennent les fautes de l'homme ſupérieur.

CHAPITRE XIII.

Sur l'Eſtime & le Reſpect.

CE que j'ai dit juſqu'ici des différens jugemens des hommes, m'engage à tâcher d'en pénétrer les principes.

Toutes les facultés de notre ame ſe réduiſent à ſentir & à connoître ; nous n'avons que des idées ou des affections, car la haine même n'eſt qu'une révolte contre ce qui s'oppoſe à nos affections.

Dans les choſes purement intellectuelles nous ne ferions jamais de faux jugemens, ſi nous avions préſentes toutes les

idées qui regardent le sujet
dont nous voulons juger. L'esprit n'est jamais faux, que parce qu'il n'est pas assez étendu,
au moins sur le sujet dont il
s'agit, quelqu'étendue qu'il
pût avoir d'ailleurs sur d'autres
matieres; mais dans celles où
nous avons intérêt, les idées
ne suffisent pas à la justesse de
nos jugemens. La justesse de
l'esprit dépend alors de la
droiture du cœur.

Si nous sommes affectés
pour ou contre un objet, il est
bien difficile que nous soyons
en état d'en juger sainement.
Notre intérêt plus ou moins
développé, mieux ou moins
bien entendu, mais toujours

senti, fait la régle de nos jugemens. Il y a des sujets sur lesquels la Société a prononcé,
& qu'elle n'a pas laissé à notre
discussion. Nous souscrivons à
ses décisions par éducation &
par préjugé ; mais la Société
même s'est déterminée par les
principes qui dirigent nos jugemens particuliers, c'est-à-
dire, par l'intérêt. Nous con-
sultons tous séparément notre
intérêt personnel ; la Société a
consulté l'intérêt commun qui
rectifie l'intérêt particulier.

C'est l'intérêt public qui
a dicté les loix, & qui fait
les vertus ; c'est l'intérêt
particulier qui fait les crimes, quand il est opposé à

l'intérêt commun. L'intérêt public fixant l'opinion générale, est la mesure de l'estime, du respect, du véritable prix des choses, c'est-à-dire, du prix reconnu des choses. L'intérêt particulier décide des jugemens plus vifs & plus intimes, tels que l'amitié & l'amour, les deux effets les plus sensibles de l'amour de nous-mêmes. Passons à l'application de ces principes.

Qu'est-ce que l'estime, sinon un sentiment que nous inspire ce qui est utile à la Société? Mais quoique cette utilité soit nécessairement relative à tous les membres de la Société, elle est trop habituelle & trop

peu

peu directe pour être vivement sentie. Ainsi notre estime n'est presque qu'un jugement que nous portons, & non pas une affection qui nous échauffe, telle que l'amitié que nous inspirent ceux qui nous sont personnellement utiles ; & j'entens par utilité personnelle, non-seulement des services, des bienfaits matériels, mais encore le plaisir & tout ce qui peut nous affecter agréablement, quoiqu'il puisse dans la suite nous être réellement nuisible. L'utilité ainsi entendue doit, comme on juge bien, s'appliquer même à l'amour, le plus vif de tous les sentimens, parce qu'il a pour objet ce que

nous regardons comme le fou-
verain bien dans le temps que
nous en fommes affectés.

On m'objectera peut-être
que fi l'amour & l'eftime ont
la même fource, & que fui-
vant mon principe ils ne différent que par les degrés, l'a-
mour & le mépris ne devroient
jamais fe réunir fur le même
objet; ce qui, dira-t-on, n'eft
pas fans exemples. On ne fait
pas ordinairement la même
objection fur l'amitié; on fuppofe qu'un honnête homme
qui eft l'ami d'un homme mé-
prifable, eft dans l'ignorance
à fon égard, & non pas dans
l'aveuglement ; & que s'il
vient à être inftruit du carac-

tére qu'il ignoroit, il en fera juftice en rompant. Je n'examinerai pas ce qui concerne l'amitié qui n'eft pas toujours entre ceux où l'on croit la voir. Il y a bien de prétendues amitiés, bien des actes de reconnoiffance qui ne font *que* des procédés, quelquefois intéreffés, & non pas des attachemens.

D'ailleurs fi je fatisfais à l'objection fur le fentiment le plus vif, on me difpenfera, je crois, d'éclaircir ce qui concerne des fentimens plus foibles.

Je dis donc que l'amour & le mépris n'ont jamais eu le même objet à la fois : car je ne

prens point ici pour amour ce
defir ardent, mais indétermi-
né, auquel tout peut fervir de
pâture, & que rien ne fixe, &
auquel fa violence même interdit le choix; je parle de celui qui lie la volonté vers un
objet à l'exclufion de tout autre. Un amant de cette efpéce
ne peut, dis-je, jamais méprifer l'objet de fon attachement,
fur-tout s'il s'en croit aimé : car
l'amour propre offenfé peut ba-
lancer, & même détruire l'a-
mour. On voit à la vérité des
hommes qui reffentent la plus
forte paffion pour un objet qui
l'eft auffi du mépris général ;
mais loin de partager ce mépris,
ils l'ignorent ; s'ils y ont fouf-

crit eux-mêmes avant leur paffion, ils l'oublient enfuite, fe rétractent de bonne foi, & crient
à l'injuftice. S'il leur arrive dans
ces orages fi communs aux
amans de fe faire des reproches outrageans, ce font des
accès de fureur fi peu réfléchis,
qu'ils arrivent aux amans qui
ont le plus de droit de fe refpecter.

L'aveuglement peut n'être
pas continuel, & avoir des in-
tervalles où un homme rougit
de fon attachement ; mais cette
lueur de raifon n'eft qu'un inf-
tant de fommeil de l'amour qui
fe réveille bientôt pour la dé-
favouer. Si l'on reconnoît des
défauts dans l'objet aimé , ce

font de ceux qui gênent, qui tourmentent l'amour, & qui ne l'humilient pas. Peut-être ira-t-on jufqu'à convenir de fa foiblefle, & fera-t-on forcé d'avouer l'erreur de fon choix; mais c'eft par impuiffance de réfuter ce qu'on objecte, pour fe fouftraire à la perfécution, & affurer fa tranquillité contre des remontrances fatiguantes qu'on n'eft plus obligé d'entendre quand on eft convenu de tout. Un amant eft bien loin de fentir ou même de penfer ce qu'on le force de prononcer, fur-tout s'il eft d'un caractére doux. Mais pour peu qu'il ait de fermeté, il réfiftera avec courage. Ce qu'on lui pré

sentera comme des taches hu-
miliantes dans l'objet de sa
passion, il n'en fera que des
malheurs qui le lui rendront
plus cher : la compassion vien-
dra encore redoubler, anno-
blir l'amour, en faire une vertu, & quelquefois ce sera avec
raison, sans qu'on puisse la faire
adopter à des censeurs incapables de sentiment, & de faire
les distinctions fines & honnêtes pui séparent le vice d'a-
vec le malheur. Que ceux qui
n'ont jamais aimé se tiennent
pour dit, quelque supériorité
d'esprit qu'ils ayent, qu'il y a
une infinité d'idées, je dis d'i-
dées justes, ausquelles ils ne
peuvent atteindre, & qui ne

font réfervées qu'au fentiment.

Je viens de dire que des inf-
tans de dépit ne pouvoient pas
être regardés comme un état
fixe de l'ame, ni prouver que
le mépris s'allie avec l'amour.
Il me refte à prévenir l'objection qu'on pourroit tirer des
hommes qui fentent continuellement la honte de leur attachement, & qui font humiliés
de faire de vains efforts pour
fe dégager. Ces hommes exif-
tent affurément, & en plus
grand nombre qu'on ne croit;
mais ils ne font plus amou-
reux, quelqu'apparence qu'ils
en ayent.

Il n'y a rien que l'on con-
fonde fi fort avec l'amour, &

qui y ſoit ſouvent plus oppoſé, que la force de l'habitude.
C'eſt une chaîne dont il eſt
plus difficile de ſe dégager que
de l'amour, ſur-tout à un certain âge : car je doute qu'on
trouvât dans la jeuneſſe les
exemples qu'on voudroit allé-
guer, non-ſeulement parce que
les jeunes gens n'ont pas eu le
temps de contracter cette habitude, mais parce qu'ils en
ſont incapables.

Le jeune homme qui aime
l'objet le plus autentiquement
mépriſable, eſt bien loin de
s'en douter. Il n'a peut-être
pas encore attaché d'idée aux
termes d'eſtime & de mépris;
il eſt emporté par la paſſion.

F f

Voilà ce qu'il fent ; je ne dirai pas, voilà ce qu'il fait : car alors il ne fait ni ne penfe rien, il jouit. Cet objet ceffe-t-il de lui plaire, parce qu'un autre lui plaît davantage, il penfera ou répétera tout ce qu'on voudra du premier.

Mais dans un âge mûr il n'en eft pas ainfi, l'habitude eft contractée ; on ceffe d'aimer & l'on refte attaché. On méprife l'objet de fon attachement, parce qu'on le voit tel qu'il eft, & on le voit tel qu'il eft, parce qu'on n'eft plus amou-reux.

Puifque notre intérêt eft la mefure de notre eftime, quand il nous porte jufqu'à l'affection, il est bien difficile que nous y puissions joindre le mépris. L'amour ne dépend pas de l'estime; mais dans bien des occasions l'estime dépend de l'amour.

J'avoue que nous nous servons très-utilement de personnes méprisables que nous reconnoissons pour telles; mais nous les regardons comme des instrumens vils qui nous sont chers, & que nous n'aimons point; ce sont même ceux dont les personnes honnêtes payent le plus scrupuleusement les services, parce que la reconnoissance seroit un poids trop humiliant.

C'est avec bien de la répu-

gnance que j'oserai dire que les
gens naturellement fensibles
ne font pas ordinairement les
meilleurs Juges de ce qui eft
eftimable, c'eft-à-dire, de ce
qui l'eft pour la Société. Les
parens tendres jufqu'à la foibleffe font les moins propres à
rendre leurs enfans bons Citoyens. Cependant nous fommes portés à aimer de préférence les perfonnes reconnues
pour fenfibles, parce que nous
nous flattons de devenir l'objet
de leur affection, & que nous
nous préférons à la Société. Il
y a une efpéce de fenfibilité
vague qui n'eft qu'une foibleffe d'organes, plus digne de
compaffion que de reconnoif-

fance. La vraie fenfibilité feroit celle qui naîtroit de nos juge-mens, & qui ne les formeroit pas.

J'ai remarqué que ceux qui aiment le bien public, qui af-fectionnent la caufe commu-ne, & s'en occupent fans am-bition, ont beaucoup de liai-fons & peu d'amis. Un homme qui eft bon Citoyen active-ment, n'eft pas ordinairement fait pour l'amitié ni pour l'a-mour. Ce n'eft pas uniquement parce que fon efprit eft trop occupé d'ailleurs ; c'eft que nous n'avons qu'une portion déterminée de fenfibilité qui ne fe répartit point, fans que les portions diminuent. Le feu de notre ame est en cela bien différent de la flamme matérielle, dont l'augmentation & la propagation dépend de la quantité de sa nourriture.

Nous voyons chez les Peuples où le patriotisme a régné avec le plus d'éclat, les peres immoler leurs fils à l'Etat; nous admirons leur courage, ou sommes révoltés de leur barbarie, parce que nous jugeons d'après nos mœurs. Si nous étions élevés dans les mêmes principes, nous verrions qu'ils faisoient à peine des sacrifices, puisque la patrie concentroit toutes leurs affections, & qu'il n'y a point d'objet vers lequel le préjugé de l'éducation ne puisse les porter. Pour ces Républicains l'amitié n'étoit qu'une émulation de vertu, le mariage une loi de société , l'amour un plaisir passager, la patrie seule une passion. Pour ces hommes l'amitié se confondoit avec l'estime : pour nous l'une est comme je l'ai dit, un simple jugement de l'esprit , & l'autre un sentiment.

On ne craint point de dire d'un homme qu'on l'estime & qu'on ne l'aime point ; c'est faire à la fois un acte de justice, d'intérêt personnel & de franchise: car c'est comme si l'on disoit que ce même homme est un bon Citoyen, mais qu'on a

F f iiij

sujet de s'en plaindre, & qu'on se préfere à la Société. Aveu qui prouve aujourd'hui une espéce de courage philosophique, & qui autrefois auroit été honteux.

L'altération qui est arrivée dans les mœurs, a fait encore que le respect, qui chez les Peuples dont j'ai parlé étoit la perfection de l'estime, en souffre l'exclusion parmi nous, & peut s'allier avec le mépris.

Le respect n'est autre chose que l'aveu de la supériorité de quelqu'un. Si la supériorité du rang suivoit toujours celle du mérite, ou qu'on n'eût pas prescrit des marques extérieures de respect, son objet seroit personnel comme celui de l'estime, & il a dû l'être originairement, de quelque nature qu'ait été le mérite de mode; mais comme quelques hommes n'eurent pour mérite que le crédit de se maintenir dans des places que leurs ayeux avoient honorées, il ne fut plus dès-lors possible de confondre la personne dans le respect que les places exigeoient. Cette distinction se trouve aujourd'hui si vulgairement établie, qu'on voit des hommes reclamer quelquefois pour leur rang, ce qu'ils n'oseroient prétendre pour eux-mêmes. Vous devez, dit-on, humblement du respect à ma place, à mon

rang; on se rend assez de justice pour n'oser dire, à ma personne. Si la modestie fait tenir
le même langage, elle ne l'a
pas inventé, & elle n'auroit
jamais dû adopter celui de l'a-
vilissement.

La même réfléxion fit com-
prendre que le respect qui pouvoit se refuser à la personne,
malgré l'élévation du rang, devoit s'accorder malgré l'abaissement de l'état à la supériorité du mérite; car le respect en
changeant d'objet dans l'application, n'a point changé de
nature, & n'est dû qu'à la supériorité. Ainsi il y a depuis
long-temps deux sortes de respects, celui qu'on doit au mé-

rite, & celui qu'on rend aux places, à la naiſſance. Cette derniere eſpéce de reſpect n'eſt plus qu'une formule de paroles ou de geſtes, à laquelle les gens raiſonnables ſe ſoumettent, & dont on ne cherche à s'affranchir que par ſotiſe, & par un orgueil puéril.

Le vrai reſpect n'ayant pour objet que la vertu, il s'enſuit que ce n'eſt pas le tribut qu'on doit à l'eſprit ou aux talens; on les loue, on les eſtime, c'eſt-à-dire qu'on les priſe, on va juſqu'à l'admiration ; mais on ne leur doit point de reſpect, puiſqu'ils pourroient ne pas ſauver toujours du mépris. On ne mépriſeroit pas précisément ce qu'on admire, mais on pourroit méprifer à certains égards ceux qu'on admire à d'autres. Cependant ce difcernement eft rare ; tout ce qui faifit l'imagination des hommes, ne leur permet pas une juftice fi exacte.

En général, le mépris s'attache aux vices bas, & la haine aux crimes hardis qui malheureufement font au deffus du mépris, & font quelquefois confondre l'horreur avec une forte d'admiration. Je ne dis rien en particulier de la colére, qui n'a guére lieu que dans ce qui nous devient perfonnel. La colére eft une haine ouverte & paffagere, la haine une colére

retenue & suivie. En considérant les différentes gradations,
il me semble que tout concourt
à établir les principes que je
propose, & pour les résumer
en peu de mots.

Nous estimons ce qui est
utile à la Société, nous mé-
prisons ce qui lui est nuisible.
Nous aimons ce qui nous est
personnellement utile, nous
haïssons ce qui nous est contraire, nous respectons ce qui
nous est supérieur, nous admirons ce qui est extraordinaire.

Il ne s'agit plus que d'é-
claircir une équivoque très-
commune sur le mot de mé-
pris, qu'on employe souvent
dans une acception bien diffé-

rente de l'idée ou du sentiment qu'on éprouve. On croit souvent, ou l'on veut faire croire qu'on méprise certaines personnes, parce qu'on s'attache à les dépriser. Je remarque au contraire qu'on ne déprise avec affectation, que par le chagrin de ne pouvoir mépriser, & qu'on estime forcément ceux contre qui on déclame. Le mépris qui s'annonce avec hauteur, n'est ni indifférence, ni dédain; c'est le langage de la jalousie, de la haine & de l'estime voilées par l'orgueil; car la haine prouve souvent plus de motifs d'estime, que l'aveu même de l'estime sincere.

CHAPITRE XIV.

Sur le prix réel des choses.

NOus n'avons examiné dans le Chapitre précédent que l'estime relative aux personnes ; faisons l'application de nos principes aux jugemens que nous portons du prix réel des choses, & alors estimer ne veut dire que priser.

Dans quelle proportion estimons ou prisons-nous les choses ? Dans celle de leur utilité combinée avec leur rareté ; & cette seconde façon de les considérer est ce qui distingue l'estime que nous faisons des persones d'avec le prix des choses. Cette distinction est si sûre, que nous n'estimons les personnes par leur rareté, qu'en les considérant comme choses. Telle est, par exemple, l'estime que nous avons pour les talens, dont nous faisons alors abstraction d'avec la personne.

Il faut encore observer à l'égard des choses, comme je l'ai fait à l'égard des personnes, que le plaisir, soit réel, soit de convention, que ces choses peuvent nous faire en flattant nos sens ou notre amour propre, se rapporte à leur utilité; mais de quelque nature que

soit

foit cette utilité, c'eft toujours
avec la rareté qu'elle fe com-
bine pour le prix que nous y
mettons. Ajoutons que l'utilité fe mefure encore par fon
étendue; de façon que de deux
chofes dont l'utilité & la rareté font égales , l'utilité qui
eft commune à un plus grand
nombre d'hommes mérite le
plus d'eftime ; & ces trois mo-
biles du prix que nous mettons
aux chofes , l'utilité , l'étendue de cette utilité , & la rareté , fe combinent à l'infini , &
toujours par les mêmes loix.

Eclairciffons ces principes
par des exemples. Les chofes de
premiere néceffité, telles que
le pain & l'eau, ne peuvent pas

Gg

être rares, sans quoi elles ne feroient pas néceſſaires; n'étant pas rares, elles ne peuvent attirer notre eſtime; mais ſi par malheur elles ceſſent pour un temps d'être communes, quel prix n'y mettons-nous point? Ce principe fait la régle du commerce.

Comment décidons-nous du prix de toutes les choſes matérielles? Par la même loi. Nous priſons beaucoup un diamant, en quoi conſiſte ſon utilité? dans ſon éclat, dans le léger plaiſir de la parure, & ſur-tout dans la vanité frivole qui réſulte de l'opinion d'opulence & de ſes effets. Mais d'un autre côté ſa rareté eſt de la premiere classe, & ses degrés compensent ou surpassent ceux que d'autres choses auroient du côté de l'utilité. D'ailleurs sous un autre aspect l'utilité en est très-grande , puisqu'il est dans la classe des richesses qui sont représentatives de toutes les utilités matérielles.

Passons aux talens ; par où les prisons-nous ? par la combinaison de leur utilité, soit pour les commodités, soit pour les plaisirs ; par le nombre de ceux qui en jouissent , & la rareté des hommes qui les exercent.

Les arts ou métiers de premiere nécessité sont peu estimés, parce que tout le monde est en état de les exercer , &

qu'ils font abandonnés à la partie de la Société malheureufement la plus méprifée. On n'a pas pour les Laboureurs l'eftime, que la reconnoiffance, la compaffion, l'humanité devroient infpirer. Mais en fuppofant par impoffible qu'il n'y eût à la fois qu'un homme capable de procurer les moiffons, on en feroit un Dieu, & la vénération ne diminueroit que lorfqu'il auroit communiqué fes lumieres, & qu'il auroit acquis par là plus de droit à la reconnoiffance. On pourroit après fa mort rendre à fa mémoire ce qu'on auroit ravi à fa perfonne. C'eft peut-être ce qui a procuré les honneurs divins à certains Inventeurs; il y a eu plusieurs Divinités dans le Paganisme qui n'ont pas eu d'autre origine.

A l'égard des arts de pur agrément, & dont toute l'utilité consiste dans les plaisirs qu'ils procurent, dans quel ordre d'estime les rangeons-nous ? n'est-ce pas suivant les degrés de plaisir & le nombre des hommes qui peuvent en jouir?

Il n'y a point d'art où les hommes en général soient plus sensibles qu'à la Musique; & le plaisir qu'elle leur fait dépendant de l'exécution, il semble qu'ils devroient préférer ceux qui exécutent les piéces à ceux qui les composent ; mais d'un autre côté les compositeurs font les plus rares, & leur utilité est plus étendue. Leurs compositions peuvent se transporter par-tout, & y être exécutées ; au lieu que *le talent de l'exécution*, quelque supérieur qu'il puisse être, se trouve borné au plaisir de peu de personnes, du moins en comparaison du compositeur.

La rareté d'une chose sans aucune espéce d'utilité, ne peut mériter d'estime. Celui qui lançoit des grains de millet au travers d'une aiguille, étoit vraisemblablement unique ; mais cette adresse n'étoit d'aucune utilité ; la curiosité qu'il pou-

voit exciter n'étoit pas même
une curiosité de plaisir. Il y a
des choses qu'on veut voir ,
non par le plaisir qu'elles font,
mais pour savoir si elles sont.

Pourquoi les ouvrages d'esprit , en faisant abstraction
de leur utilité principale ,
méritent-ils plus d'estime , &
font-ils plus de réputation que
des talens plus rares ? C'est
par l'avantage qu'ils ont de se
répandre , & d'être par tout
également goûtés par ceux qui
font capables de les sentir. Corneille n'est peut-être pas un
homme plus rare que Lully ;
cependant leurs noms ne font
pas sur la même ligne , parce
qu'il y a un plus grand nombre

d'hommes à portée de jouir des Ouvrages de Corneille que de ceux de Lully, & que le plaisir qui naît des ouvrages d'esprit développant celui des Lecteurs, ou leur touchant le cœur, flatte le sentiment & l'amour propre, & doit en plus d'occasions l'emporter sur le plaisir des sens que les talens nous causent.

Ce n'est pas que dans nos jugemens nous fassions une analyse si exacte, & une comparaison si géométrique; une justice naturelle nous les inspire, & l'examen réfléchi les confirme.

Qu'on parcoure les Sciences & les Arts avec cet examen réfléchi,

réfléchi, on verra que l'eſtime qu'on en fait part toujours des mêmes principes qui s'étendent juſque ſur la politique & la ſcience du gouvernement.

On a recherché bien des fois quel étoit le meilleur : les uns ſe déterminent pour l'un ou pour l'autre par leur goût particulier : d'autres jugent que la forme du gouvernement doit dépendre du local & du caractére des Peuples. Cela peut être vrai ; mais quelque forme que l'on préfere , il y a toujours une premiere régle priſe de l'utilité étendue. Le meilleur des gouvernemens n'eſt pas celui qui fait les hommes les plus heureux , mais celui qui fait le plus grand nombre d'heureux. Combien faut-il faire de malheureux pour fournir les matériaux de ce qui fait ou devroit faire le bonheur de quelques particuliers qui même ne savent pas en jouir ?

Ceux à qui le sort des hommes est confié, doivent toujours ramener leurs calculs à la somme commune.

Tout est & doit être calcul dans notre conduite ; si nous faisons des fautes, c'est parce que notre calcul n'embrasse pas tout ce qui doit entrer dans le résultat, soit faute de lumiéres, soit par ignorance, ou par passion.

Ce n'est pas que les passions

mêmes ne calculent, & quelquefois très-finement ; mais
elles n'évaluent pas tous les
temps qui devroient entrer
dans le calcul, & de-là naiſſent
toutes leurs erreurs : je m'ex-
plique.

La ſageſſe de la conduite
dépend de l'expérience, de la
prévoyance, & du jugement
des circonſtances préſentes :
on doit donc faire attention
au paſſé, au préſent & à l'avenir ; & les paſſions n'enviſa-
gent qu'un de ces objets à la
fois, le préſent ou l'avenir,
& jamais le paſſé. Quelques
exemples rendront cette vérité ſenſible.

L'amour ne s'occupe que du

présent , il cherche le plaisir
actuel, oublie les maux passés,
& n'en prévoit point pour l'a-
venir.

La colére, la haine , & la
vengeance qui en est la suite,
jugent comme l'amour. Ces
passions prennent toujours le
meilleur parti possible pour
leur bonheur présent; l'avenir
seul fait leur malheur ; l'ambition au contraire n'envisage
que l'avenir ; ce qui étoit le
terme dans son espérance ,
n'est plus qu'un moyen pour
elle, dès qu'il est arrivé.

L'avarice juge comme l'ambition, avec cette différence,
que l'une est agitée par l'espérance, & l'autre par la crainte.

L'ambitieux efpére de proche en proche parvenir à tout ; l'avare craint de tout perdre : ni l'un ni l'autre ne favent jouir.

L'avarice n'eft, comme les autres paffions, qu'un redoublement de l'amour de foi-même ; mais elle agit toujours avec timidité & défiance. L'avare craignant tous les maux, defire ardemment les richeffes qu'il regarde comme l'échange de tous les biens. Il n'eft cependant pas auffi dur à lui-même qu'on le fuppofe ; il calcule très-finement, conclut affez jufte d'après un faux principe, & trouve bien des jouiffances dans fes privations. Il n'y a rien dont il ne fe prive dans l'efpé-

rance de jouir de tout. Dans le
temps qu'il se refuse un plaisir,
il jouit confusément de tout
ceux qu'il sent qu'il peut se
procurer. Les vraies privations
sont les privations forcées ;
celles de l'avare sont volontaires. L'avarice est la plus vile,
mais non pas la plus malheureuse des passions.

On ne sauroit trop s'attacher à corriger ou régler les
passions qui rendent les hommes malheureux, sans les avi-
lir ; & l'on doit rendre de plus
en plus odieuses celles qui sans
les rendre malheureux, les avi-
lissent, & nuisent à la Société
qui doit être le premier objet
de notre attachement.

F I N.